Le petit livre des
**crumbles**

Héloïse Martel

# Le petit livre des
# crumbles

FIRST
& Editions

© Éditions Générales First, 2003

*Le code de la Propriété Intellectuelle interdit les copies ou reproductions destinées à une utilisation collective.*
*Toute représentation ou reproduction intégrale ou partielle faite par quelque procédé que ce soit, sans le consentement de l'Auteur ou de ses ayants cause, est illicite et constitue une contrefaçon sanctionnée par les articles L. 335-2 et suivants du Code de la Propriété Intellectuelle.*

ISBN 2-87691-772-6
Dépôt légal : 2e trimestre 2003
Imprimé en Italie

Conception graphique : **Pascale Desmazières**

Nous nous efforçons de publier des ouvrages qui correspondent à vos attentes et votre satisfaction est pour nous une priorité. Alors, n'hésitez pas à nous faire part de vos commentaires à :
Éditions Générales First
27, rue Cassette
75006 Paris - France
Tél. : 01 45 49 60 00
Fax : 01 45 49 60 01
e-mail : firstinfo@efirst.com
En avant-première, nos prochaines parutions, des résumés de tous les ouvrages du catalogue. Dialoguez en toute liberté avec nos auteurs et nos éditeurs. Tout cela et bien plus sur Internet à : www.efirst.com

# Introduction

Le crumble fait partie de la tradition gas-
tronomique anglo-saxonne, tout comme
les muffins et autres crumpets. Il ne lui a
pas fallu beaucoup de temps pour conqué-
rir ses titres de noblesse à travers le monde
et devenir un « incontournable » pour les
gourmands.
C'est justice :

- Le crumble est a priori inratable ; confiez
  les ingrédients à un enfant de 2 ans, et
  il vous confectionnera une pâte à crumble
  parfaite, tout comme un château de
  sable…
- La garniture la plus simple lui convient
  parfaitement, mais il sait aussi s'ac-
  commoder de mets plus recherchés ou
  plus insolites.

- Il se mange le plus souvent tiède, c'est-à-dire qu'il peut attendre sagement dans le four la fin de votre repas et ne nécessite aucune préparation de dernière minute, toujours fastidieuse pour le maître ou la maîtresse de maison.
- On le sert dans le plat de cuisson, ce qui évite les démoulages plus ou moins hasardeux.

Voici de bonnes raisons pour offrir des crumbles à votre famille et à vos amis, à la fin d'un repas, ou pour le goûter. Certains diront que ce plat délicieux risque de mettre leur ligne en péril. Tout est question d'équilibre ; un crumble n'est pas recommandé après un cassoulet ou une choucroute, mais il termine en beauté un repas composé d'un rôti accompagné de légumes verts.

Voici quelques conseils pour réaliser facilement de délicieux desserts :

## Les ingrédients de la pâte à crumble

Les plus basiques sont la farine de froment, le beurre doux, le sucre en poudre et le sel. Mais ils peuvent varier selon l'effet recherché ou la nature de la garniture.

- Vous pouvez remplacer une partie de la farine par des flocons d'avoine, des macarons, du pain d'épices ou des biscuits à la cuiller, ou encore des fruits secs pour un crumble sucré, ou par de la grosse chapelure (appelée panure) pour une préparation salée. Les flocons d'avoine donnent plus de croustillant à la pâte. Les fruits secs apportent du croquant et parfument la garniture. La chapelure donne un bel aspect doré.
- Le beurre doux s'impose pour les crumbles sucrés, mais les crumbles salés se font

parfois avec du beurre demi-sel qui corse davantage la pâte.

- Le sucre en poudre est remplacé par la cassonade pour donner une couleur plus ambrée.
- N'hésitez pas à utiliser des épices ; elles parfument agréablement les crumbles à base de fruits.

## La préparation de la pâte

Il est préférable de pétrir la pâte à la main, du bout des doigts, plutôt qu'avec une cuillère ou un mixeur qui ne permettraient pas d'obtenir l'aspect sableux si caractéristique du crumble. Par mesure d'hygiène, vous pouvez utiliser des gants de ménage en latex très fin.

## La garniture

Les fruits, et en particulier les pommes et les poires, sont les garnitures les plus courantes, accompagnées de raisins, d'amandes, d'épices. Mais tous les fruits se prêtent bien à la préparation de crumbles. Même les inconditionnels du chocolat trouveront des recettes à la hauteur de leur gourmandise. Sans oublier les crumbles salés, originaux, mais tout aussi délicieux. À essayer pour surprendre vos convives ! Mais vous pouvez aussi improviser un délicieux crumble avec les ressources de votre placard ou de votre corbeille de fruits.

## Le plat de cuisson

C'est aussi le plat de service, alors, prévoyez pour vos crumbles un joli plat à gratin, ou encore des ramequins (ou des plats à œufs) individuels. C'est une présentation raffinée, mais vérifiez que votre four est suffisamment grand pour recevoir quatre ou six ramequins en même temps.

## L'accompagnement

Les crumbles peuvent très bien se déguster nature. Pourtant il est d'usage de présenter un accompagnement. La crème fraîche et la crème anglaise sont les plus classiques. Mais notre gastronomie ne manque pas de ressources, et tous les coulis de fruits, ainsi que des sauces au chocolat ou au café, sans oublier la succulente chantilly, sont tout aussi appréciés.

Si vous êtes pressé, utilisez de la crème Chantilly sous pression, ou de la crème anglaise en briquette.

Vous trouverez dans ce Petit Livre plus de 80 recettes de crumbles salés et sucrés, et de sauces d'accompagnement, simples et rapides, classiques ou originales, mais toujours savoureuses. Les ingrédients sont indiqués pour 4 à 6 personnes selon l'appétit et la gourmandise des convives.

# CRUMBLES SALÉS

# CROUSTILLANT
# DE CAROTTES AU CURRY

**4 à 6** personnes

**Pâte :**
• 150 g de farine • 50 g de chapelure • 50 g de noix de cajou
• 120 g de beurre demi-sel
**Garniture :**
• 800 g de carottes • 10 cl de crème épaisse • 1 cuil. à café de
curry • 20 g de beurre • sel, poivre

## Réalisation

Sortez le beurre du réfrigérateur au moins
1 heure à l'avance.
• Épluchez les carottes, coupez-les en fines
rondelles et faites-les cuire pendant
10 minutes à l'eau bouillante salée. Égouttez-les, versez-les dans une terrine, saupoudrez-les de curry, salez, poivrez et
arrosez de crème. Mélangez bien. Réservez.
Préchauffez le four th. 7 (210 °C).

CRUMBLES SALÉS **13**

• Concassez grossièrement les noix de cajou. Versez la farine dans un saladier, ajoutez la chapelure, les noix de cajou concassées puis le beurre coupé en petits morceaux. Malaxez du bout des doigts pour obtenir une pâte granuleuse.

• Beurrez légèrement un plat à gratin. Étalez les carottes au fond du plat, recouvrez-les avec la pâte. Faites cuire au four 30 minutes environ en surveillant. Si la pâte colore trop vite, recouvrez-la d'un papier d'aluminium ménager. Servez bien chaud.

■ **Notre conseil :** cette recette originale est délicieuse avec un rôti de veau. Si vous la servez avec une viande froide ou du jambon, accompagnez-la d'une sauce à la coriandre (recette page 151) ou au cumin (recette page 152).

# CROUSTILLANT DE CHÈVRE FRAIS AU FENOUIL

**4 à 6** personnes

**Pâte :**
• 100 g de farine • 75 g de grosse chapelure • 60 g de beurre
• 1 cuil. à soupe de thym effeuillé • sel
**Garniture :**
• 3 bulbes de fenouil • 2 fromages de chèvre frais • 2 cuil.
à soupe d'huile d'olive • sel, poivre du moulin

## Réalisation

Sortez le beurre du réfrigérateur au moins 1 heure à l'avance. Préchauffez le four th. 7 (210 °C).

• Lavez les bulbes de fenouil, coupez-les en fines lamelles et faites-les dorer dans une poêle avec l'huile d'olive, salez, poivrez. Réservez.

• Malaxez à la main dans une terrine la farine, la chapelure, une pincée de sel, le

CRUMBLES SALÉS **15**

thym et le beurre coupé en petits morceaux. Vous obtenez une pâte granuleuse.
• Étalez le fenouil émincé au fond d'un plat à gratin, émiettez par-dessus les fromages, et recouvrez de pâte. Faites cuire pendant 30 minutes environ en surveillant la couleur de la pâte. Recouvrez-la d'un papier d'aluminium ménager si elle colore trop vite.

■ **Notre conseil :** servez ce crumble chaud, en entrée ou en accompagnement de côtes d'agneau grillées.

# CROUSTILLANT D'ÉPINARDS

**4 à 6** personnes

**Pâte :**
• 100 g de farine • 150 g de flocons d'avoine • 120 g de beurre demi-sel
**Garniture :**
• 2 kg d'épinards • 30 g de beurre • sel

## Réalisation

Sortez le beurre du réfrigérateur au moins 1 heure à l'avance.

• Équeutez les épinards et lavez-les dans plusieurs eaux. Faites-les cuire pendant 15 minutes dans 3 litres d'eau bouillante salée. Égouttez-les bien, puis pressez-les afin d'extraire toute l'eau. Réservez. Préchauffez le four th. 7 (210 °C).

• Versez la farine dans une terrine, ajoutez les flocons d'avoine et le beurre coupé en petits morceaux. Malaxez du bout des

doigts pour obtenir une pâte granuleuse.
• Beurrez un plat à gratin, étalez les épinards et recouvrez-les de pâte. Faites cuire 30 minutes environ en surveillant la couleur de la pâte. Si elle dore trop vite, recouvrez-la d'un papier d'aluminium ménager.

■ **Notre conseil :** servez ce crumble original avec un rôti de veau ou encore des œufs pochés. Vous pouvez utiliser des épinards en branches surgelés, mais il est indispensable pour réussir cette recette que les épinards soient parfaitement débarrassés de leur eau.

# CRUMBLE À LA MAROCAINE

**4 personnes**

**Pâte :**
• 250 g de farine complète • 50 g de grosse chapelure
• 120 g de beurre • 1 cuil. à café de cannelle • 1 cuil. à café de coriandre en poudre • sel

**Garniture :**
• 400 g de blanc de poulet • 800 g d'épinards en branches
• 30 g de raisins de Corinthe • 4 cuil. à soupe d'huile d'olive
• 30 g de pignons de pin • 30 g d'amandes • 2 cuil. à soupe de miel • sel, poivre

## Réalisation

Sortez le beurre du réfrigérateur au moins 1 heure à l'avance.

• Préparez la garniture : lavez, essorez puis équeutez les épinards. Découpez les blancs de poulet en petits cubes. Versez l'huile d'olive dans une sauteuse, mettez le poulet, faites-le revenir jusqu'à ce qu'il soit doré, puis ajoutez les épinards, salez et poivrez. Laissez cuire 10 minutes en remuant souvent. Versez le miel et mélangez bien. Pendant ce temps, faites tremper les raisins dans un bol d'eau chaude. Déposez le mélange poulet-épinards dans le fond d'un plat à four. Égouttez les raisins, disposez-les par-dessus, ainsi que les amandes et les pignons de pin.

• Préparez la pâte : versez la farine dans une terrine, ajoutez la cannelle, la coriandre, la chapelure, une pincée de sel et enfin le beurre fractionné. Malaxez la pâte du bout des doigts. Recouvrez le plat de pâte et faites cuire pendant environ 30 minutes en surveillant la coloration. Si la pâte brunit trop vite, recouvrez le plat d'une feuille d'aluminium ménager.

■ **Notre conseil :** servez bien chaud avec une sauce au cumin (recette page 152).

# CRUMBLE À LA TOMATE ET AU CUMIN

**4 à 6** personnes

**Pâte :**
• 100 g de farine • 50 g de parmesan râpé • 50 g de chapelure
• 120 g de beurre • 1 cuil. à soupe de graines de cumin • sel
**Garniture :**
• 8 grosses tomates • 2 cuil. à soupe d'huile d'olive • 1 cuil. à
soupe d'herbes de Provence • sel, poivre

## Réalisation

Sortez le beurre du réfrigérateur au moins
1 heure à l'avance. Préchauffez le four th. 6
(180 °C).
• Plongez les tomates quelques secondes
dans de l'eau bouillante et pelez-les. Coupez-
les en quatre, épépinez-les, salez-les légèrement et mettez-les dans une passoire
pour qu'elles rendent leur eau. Graissez
un plat à gratin avec l'huile d'olive. Égout-

tez les tomates, disposez-les dans le fond du plat, poivrez-les et saupoudrez-les d'herbes de Provence. Enfournez et laissez cuire 15 minutes.

• Pendant ce temps, préparez la pâte du crumble : versez dans un saladier la farine, une pincée de sel, la chapelure, le cumin et le parmesan. Mélangez bien, puis ajoutez le beurre fractionné et malaxez du bout des doigts pour obtenir une pâte granuleuse.

• Sortez les tomates du four, recouvrez les de pâte et remettez à cuire pendant 30 minutes environ en surveillant la couleur de la pâte qui ne doit pas brunir. Recouvrez-la d'un papier d'aluminium ménager si elle colore trop vite

■ **Notre conseil :** servez ce crumble avec une viande froide ou du jambon de Bayonne. Vous pouvez l'accompagner d'une sauce persillée (recette page 154).

# CRUMBLE AUX CHAMPIGNONS

**4 à 6** personnes

**Pâte :**
• 150 g de farine • 75 g de chapelure • 120 g de beurre • sel
**Garniture :**
• 500 g de champignons • 2 échalotes • 2 cuil. à soupe de pignons • 50 g de beurre • 1/2 botte de persil plat • sel, poivre

## Réalisation

Sortez le beurre du réfrigérateur au moins 1 heure à l'avance. Préchauffez le four th. 7 (210 °C).

• Préparez la garniture : épluchez les échalotes, émincez-les finement. Lavez rapidement les champignons sous l'eau courante, puis épongez-les. Émincez-les également. Ciselez le persil. Faites fondre 30 g de beurre dans une poêle et faites-y revenir les échalotes et les champignons.

Salez, poivrez et poursuivez la cuisson jusqu'à ce que l'eau des champignons soit évaporée. Ajoutez les pignons et le persil ciselé. Réservez.

• Préparez la pâte en mélangeant dans une terrine la farine, la chapelure, une pincée de sel et le beurre coupé en petits morceaux. Pétrissez du bout des doigts pour obtenir une pâte sableuse.

• Graissez un plat à gratin avec le reste de beurre, étalez les champignons et recouvrez-les de pâte. Faites cuire 30 minutes environ. Surveillez la coloration de la pâte et recouvrez-la d'un papier d'aluminium ménager si elle dore trop vite.

■ **Notre conseil :** servez ce crumble tiède, en entrée ou en accompagnement d'un simple rôti ou d'une volaille à qui ils donneront une touche raffinée.

# CRUMBLES SUCRÉS

# AMANDINE AUX POIRES

**4 à 6** personnes

**Pâte :**
• 100 g de farine • 150 g de poudre d'amandes • 50 g de pépites de chocolat • 75 g de cassonade • 120 g de beurre
**Garniture :**
• 6 poires • 50 g de sucre • 20 g de beurre

## Réalisation

Sortez le beurre du réfrigérateur au moins 1 heure à l'avance. Préchauffez le four th. 7 (210 °C).

• Préparez la garniture : épluchez les poires, coupez-les en quatre. Versez le sucre dans une casserole, mouillez avec 25 cl d'eau et portez à ébullition. Faites pocher les quartiers de poire dans ce sirop pendant 5 minutes. Égouttez-les, réservez.

• Préparez ensuite la pâte : versez la farine dans une terrine avec la cassonade et la

## CRUMBLES SUCRÉS

**27**

poudre d'amandes. Mélangez bien, ajoutez le beurre coupé en petits morceaux et malaxez du bout des doigts pour obtenir une pâte sableuse. Ajoutez enfin les pépites de chocolat.

• Beurrez un plat à gratin et étalez les quartiers de poire. Recouvrez-les de pâte. Faites cuire 30 minutes, en surveillant la cuisson. Si la pâte brunit, recouvrez-la d'un papier d'aluminium ménager.

■ **Notre conseil :** servez ce crumble tiède, nature, ou avec une crème anglaise à la vanille (recette page 146). Vous pouvez confectionner vous-même des pépites en hachant le chocolat au couteau.

# CROUSTILLANTS AUX AMANDES ET AUX FRUITS ROUGES

**4 à 6** personnes

**Pâte :**
- 150 g de farine • 120 g de beurre • 75 g de poudre d'amandes
- 50 g de sucre • sel

**Garniture :**
- 600 g de fruits rouges : framboises, mûres, groseilles, myrtilles... • 30 g de sucre • 20 g de beurre

## Réalisation

Sortez le beurre du réfrigérateur au moins 1 heure à l'avance. Préchauffez le four th. 7 (210 °C).

• Préparez la pâte en mélangeant intimement la farine, la poudre d'amandes et le beurre fractionné. Ajoutez le sucre et une pincée de sel. La pâte doit ressembler à une grosse chapelure.

• Beurrez généreusement des petits plats

individuels, disposez les fruits, saupoudrez-les de sucre, puis recouvrez-les de pâte. Faites cuire pendant 20 minutes en surveillant la couleur de la pâte qui doit être bien dorée. Servez tiède, nature ou avec de la crème fraîche ou de la crème Chantilly (recette page 149).

■ **Notre conseil :** vous pouvez utiliser des fruits frais ou surgelés que vous aurez fait décongeler au préalable dans une passoire afin qu'ils ne détrempent pas la pâte. Vous pouvez alors récupérer le jus de décongélation dans un saladier pour préparer un coulis de fruits (recette du coulis d'oranges page 144).

## CROUSTILLANT AUX FIGUES ET AUX PIGNONS

**4 à 6** personnes

**Pâte :**
• 100 g de farine • 150 g de flocons d'avoine • 30 g de sucre en poudre • 120 g de beurre • sel
**Garniture :**
• 12 figues mûres • 100 g de pignons de pin • 50 g de cassonade • 20 g de beurre

### Réalisation

Sortez le beurre du réfrigérateur au moins 1 heure à l'avance. Préchauffez le four th. 7 (210 °C).

• Préparez la garniture : beurrez un plat à gratin. Lavez et essuyez les figues, coupez-les en quatre et disposez-les au fond du plat. Saupoudrez-les de cassonade et de pignons.

• Versez la farine dans un saladier, ajoutez le sucre, une pincée de sel et les flocons d'avoine. Mélangez puis incorporez le beurre coupé en morceaux. Pétrissez du bout des doigts pour obtenir une pâte sableuse.

• Recouvrez les figues avec la pâte, enfournez et faites cuire environ 30 minutes en surveillant la couleur. Si la pâte colore trop vite, recouvrez-la d'un papier d'aluminium ménager.

■ **Notre conseil :** servez ce crumble tiède avec un coulis de framboises (recette page 141) ou d'oranges (recette page 144).

# CROUSTILLANT DE BANANES AU CHOCOLAT

**4 à 6** personnes

**Pâte :**
• 100 g de farine • 150 g de flocons d'avoine • 50 g de pépites de chocolat • 75 g de cassonade • 120 g de beurre • sel
**Garniture :**
• 6 bananes • 1/2 citron • 50 g de sucre • 20 g de beurre

## Réalisation

Sortez le beurre du réfrigérateur environ 1 heure à l'avance. Préchauffez le four th. 7 (210 °C).

• Préparez la garniture : pressez le demi-citron. Pelez les bananes, coupez-les en rondelles et arrosez-les avec le jus de citron pour qu'elles ne noircissent pas. Faites fondre le beurre dans une poêle. Dès qu'il mousse, faites revenir les rondelles de

CRUMBLES SUCRÉS **33**

banane, saupoudrez-les de sucre et laissez caraméliser quelques minutes. Réservez.
• Préparez ensuite la pâte : versez la farine, les flocons d'avoine, la cassonade et une pincée de sel dans une terrine. Incorporez le beurre coupé en petits morceaux et malaxez du bout des doigts. Ajoutez les pépites de chocolat. Répartissez les rondelles de banane dans un plat à gratin, recouvrez-les de pâte et faites cuire environ 30 minutes. Surveillez la couleur de la pâte qui doit dorer sans brunir. Recouvrez-la de papier d'aluminium ménager si besoin.

■ **Notre conseil :** accompagnez ce crumble d'une crème anglaise à la vanille (recette page 146) dans laquelle vous pouvez incorporer 1 cuillerée à soupe de rhum.

# CROUSTILLANTS DE MARRONS AU CHOCOLAT

**4 à 6** personnes

**Pâte :**
• 80 g de farine • 150 g de biscuits à la cuiller • 30 g de cassonade • 80 g de beurre • sel

**Garniture :**
• 200 g de marrons au naturel • 200 g de chocolat noir • 15 cl de crème fleurette • 10 cl de lait entier • 3 jaunes d'œufs

## Réalisation

Sortez le beurre du réfrigérateur au moins 1 heure à l'avance. Préchauffez le four th. 6 (180 °C).

• Préparez la pâte : versez la farine, la cassonade et une pincée de sel dans un saladier et ajoutez le beurre coupé en petits morceaux. Malaxez du bout des doigts pour obtenir une pâte sableuse. Émiettez les biscuits et incorporez-les au mélange en continuant à travailler la pâte à la main. Réservez. Égouttez les marrons, coupez-les en deux ou en quatre. Étalez-les dans un plat à gratin ou des ramequins individuels. Coupez le chocolat en petits morceaux. Faites bouillir le lait et la crème, et, au premier bouillon, ajoutez le chocolat. Laissez fondre à très petit feu. Dès que le chocolat est fondu, retirez du feu. Incorporez les jaunes d'œufs un par un en mélangeant et remettez sur le feu sans cesser de remuer jusqu'à ce que le mélange épaississe. Versez la crème au chocolat sur les marrons et recouvrez-les de pâte. Faites cuire 30 minutes en surveillant la couleur de la pâte qui doit dorer sans brunir. Si elle colore trop vite, recouvrez-la d'un papier d'aluminium ménager.

■ **Notre conseil :** servez ce crumble tiède avec une crème anglaise à la vanille (recette page 146) ou de la crème Chantilly (recette page 149).

# CROUSTILLANT DE NOIX AUX PRUNES ROUGES

**4 à 6 personnes**

**Pâte :**
• 150 g de farine • 120 g de beurre • 50 g de sucre • 100 g de cerneaux de noix • sel

**Garniture :**
• 700 g de prunes rouges • 50 g de sucre cristallisé • 30 g de beurre • 1 cuil. à café de cannelle

## Réalisation

Sortez le beurre du réfrigérateur au moins 1 heure à l'avance. Préchauffez le four th. 7 (210 °C).

• Beurrez un plat à gratin. Lavez les prunes, coupez-les en gros morceaux, disposez-les dans le plat. Mélangez le sucre cristallisé et la cannelle, et saupoudrez-en les fruits.

• Mettez la farine dans un saladier, ajoutez une pincée de sel et le beurre froid coupé en petits morceaux. Malaxez à la main jusqu'à obtention d'une sorte de grosse chapelure. Hachez grossièrement les noix. Ajoutez à la pâte le sucre et les noix, pétrissez à nouveau.

• Répartissez cette pâte sur les fruits et faites cuire pendant 30 minutes environ en surveillant la couleur de la pâte. Si elle dore trop vite, recouvrez-la d'un papier d'aluminium ménager.

■ **Notre conseil :** proposez de la crème fraîche épaisse ou une boule de glace à la vanille.

# CROUSTILLANT DE POIRES AU CHOCOLAT

**4 à 6** personnes

**Pâte :**
• 150 g de macarons au chocolat • 50 g de farine • 100 g de beurre • sel
**Garniture :**
• 8 poires • 1 cuil. à café de cacao amer • 30 g de sucre en poudre • 20 g de beurre

## Réalisation

Sortez le beurre du réfrigérateur au moins 1 heure à l'avance. Préchauffez le four th. 7 (210 °C).

• Épluchez les poires et coupez-les en quartiers. Faites fondre 20 g de beurre dans une sauteuse et, dès qu'il mousse, faites revenir les poires pendant 5 minutes en les retournant souvent. Saupoudrez-les de cacao. Réservez.

# CRUMBLES SUCRÉS

• Versez la farine dans un saladier, émiettez les macarons, ajoutez le beurre coupé en petits morceaux et malaxez du bout des doigts pour obtenir une pâte granuleuse.
• Beurrez un plat à gratin, répartissez les quartiers de poire dans le fond du plat et recouvrez de pâte. Faites cuire pendant 30 minutes environ en surveillant la couleur de la pâte. Recouvrez-la d'un papier d'aluminium ménager si elle dore trop vite.

■ **Notre conseil :** servez ce crumble tiède et accompagnez-le d'une sauce au chocolat (recette page 151) ou d'une crème anglaise à la vanille (recette page 146) et de zestes d'orange confits (recette page 155).

# CRUMBLE À LA COMPOTE DE POMMES ET D'ORANGES

**4 à 6 personnes**

**Pâte :**
• 250 g de farine • 50 g de sucre en poudre • 120 g de beurre
• sel
**Garniture :**
• 6 pommes (reinettes de préférence) • 6 oranges • 100 g de
cassonade • 1 gousse de vanille

## Réalisation

Sortez le beurre du réfrigérateur au moins
1 heure à l'avance.
• Épluchez les pommes, détaillez-les en
quartiers puis en fines lamelles. Pelez les
oranges à vif en recueillant le jus dans un
bol et prélevez les quartiers en ôtant la
peau qui les recouvre. Versez le jus d'orange
recueilli dans une casserole, mettez les
fruits, saupoudrez de cassonade, ajoutez

la gousse de vanille ouverte en deux et arrosez avec 30 cl d'eau. Faites compoter à feu doux pendant 30 minutes. À la fin de la cuisson, ôtez la gousse de vanille. Préchauffez le four th. 7 (210 °C).

• Préparez la pâte : versez la farine dans une terrine, ajoutez le sucre et une pincée de sel, puis le beurre coupé en petits morceaux. Pétrissez rapidement du bout des doigts pour obtenir une pâte granuleuse.

• Versez la compote dans un plat à gratin, recouvrez de pâte et faites cuire environ 30 minutes en surveillant la couleur de la pâte qui doit être dorée. Si elle brunit, recouvrez-la d'une feuille d'aluminium ménager.

■ **Notre conseil :** servez ce crumble froid ou tiède avec une crème anglaise à la vanille (recette page146), un coulis d'oranges (recette page 144), ou une sauce au gingembre (recette page 152).

# CRUMBLE À LA COMPOTE PRUNES-PRUNEAUX

**4 à 6** personnes

**Pâte :**
• 200 g de farine • 50 g de poudre d'amandes • 120 g de beurre
• 50 g de cassonade • sel
**Garniture :**
• 500 g de prunes • 500 g de pruneaux • 30 g de cassonade
• 1 cuil. à café de cannelle • 1 cuil. à café de gingembre
• 1/2 cuil. à café de quatre-épices • quelques zestes
d'orange confits (facultatif), recette page 155.

## Réalisation

Sortez le beurre du réfrigérateur au moins
1 heure à l'avance.
• Lavez et essuyez les prunes, ouvrez-les,
ôtez le noyau. Dénoyautez les pruneaux.
Coupez ces fruits en petits morceaux.
Mettez-les dans une casserole, saupoudrez-les de cassonade et d'épices, arrosez-

les avec 15 cl d'eau et faites compoter à très petit feu pendant 10 minutes. Ajoutez un peu d'eau si les fruits attachent. Ajoutez éventuellement les zestes d'orange confits, réservez.

• Versez la farine, la poudre d'amandes et la cassonade dans un saladier, ajoutez une pincée de sel, puis le beurre fractionné. Malaxez rapidement à la main pour obtenir une pâte sableuse.

• Versez les fruits dans un plat à gratin, recouvrez-les de pâte et faites cuire pendant 30 minutes en surveillant la coloration de la pâte qui doit dorer sans brunir. Recouvrez-la le cas échéant avec une feuille d'aluminium ménager.

■ **Notre conseil :** servez ce crumble tiède avec une crème anglaise à l'orange bien fraîche (recette page 147).

# CRUMBLE À LA COMPOTE DE RHUBARBE, DE POMMES ET D'ORANGES

**4 à 6** personnes

**Pâte :**
• 250 g de farine • 50 g de cassonade • 120 g de beurre • sel
**Garniture :**
• 1 orange non traitée • 400 g de rhubarbe • 400 g de pommes
• 200 g de sucre en poudre • 1/2 citron

## Réalisation

Sortez le beurre du réfrigérateur au moins 1 heure à l'avance.

• Préparez la garniture : lavez l'orange, essuyez-la et coupez-la en tranches en laissant la peau. Coupez chaque tranche en quatre. Mettez ces morceaux d'orange dans une casserole à fond épais avec la moitié du sucre et arrosez de 50 cl d'eau. Portez à ébullition, puis baissez le feu et laissez

## CRUMBLES SUCRÉS

confire très doucement jusqu'à ce que les morceaux d'orange soient translucides. Pendant ce temps, épluchez la rhubarbe et coupez-la en petits tronçons. Épluchez les pommes et détaillez la chair en fines lamelles. Pressez le demi-citron. Ajoutez ces fruits aux morceaux d'orange avec le reste du sucre et le jus du citron. Laissez compoter environ 10 minutes en remuant de temps en temps. Réservez. Préchauffez le four th. 7 (210 °C).

• Préparez la pâte : mélangez la farine avec la cassonade et une pincée de sel, incorporez le beurre fractionné et travaillez du bout des doigts pour obtenir une pâte sableuse. Versez la compote dans un plat à gratin et recouvrez-la de pâte. Faites cuire environ 30 minutes en surveillant la couleur. Si la pâte dore trop vite, couvrez-la avec une feuille d'aluminium ménager.

■ **Notre conseil :** servez tiède avec une glace vanille).

# CRUMBLE À L'ANANAS

**4 à 6** personnes

**Pâte :**
• 250 g de farine • 120 g de beurre • 50 g de sucre • sel
**Garniture :**
• 1 ananas • 100 g de sucre • 1 gousse de vanille • 2 étoiles
d'anis • 20 g de beurre

## Réalisation

Sortez le beurre du réfrigérateur au moins
1 heure à l'avance.

• Coupez l'ananas en deux, puis détaillez-
le en tranches. Enlevez l'écorce avec un
couteau pointu, ôtez les parties fibreuses
et coupez la pulpe en dés, en recueillant
le jus dans une casserole. Versez le sucre
dans la casserole contenant le jus d'ananas issu de la découpe, ajoutez la gousse
de vanille coupée en deux dans le sens de
la longueur pour libérer les graines, les

étoiles d'anis, 20 cl d'eau et faites bouillir. Ajoutez enfin les dés d'ananas, baissez le feu et laissez cuire très doucement jusqu'à ce que le liquide soit sirupeux. Préchauffez le four th. 7 (210 °C).

• Versez la farine dans un saladier, ajoutez le sucre et une pincée de sel, puis le beurre fractionné en petits morceaux. Malaxez à la main pour obtenir une pâte sableuse.

• Beurrez un plat à gratin, répartissez les dés d'ananas confits au fond du plat et recouvrez-les de pâte. Faites cuire 30 minutes environ en surveillant la couleur de la pâte. Si elle dore trop rapidement, recouvrez-la d'une feuille d'aluminium ménager.

■ **Notre conseil :** servez ce crumble tiède accompagné de gelée de groseilles ou de crème anglaise à la vanille (recette page 146) ou d'un coulis de mangues (recette page 143).

# CRUMBLE À LA NOIX DE COCO ET AUX FIGUES FRAÎCHES

**4 à 6** personnes

**Pâte :**
• 100 g de farine • 150 g de noix de coco râpée • 50 g de sucre en poudre • 120 g de beurre • sel
**Garniture :**
• 12 figues mûres • 30 g de cassonade • 20 g de beurre

## Réalisation

Sortez le beurre du réfrigérateur au moins 1 heure à l'avance. Préchauffez le four th. 7 (210 °C).

• Préparez la garniture : beurrez un plat à gratin. Lavez les figues, essuyez-les, coupez-les en quatre et disposez-les au fond du plat. Saupoudrez-les de cassonade.

• Versez dans un saladier la farine, la noix de coco, une pincée de sel et le sucre. Mélangez bien et incorporez le beurre frac-

CRUMBLES SUCRÉS **49**

tionné en pétrissant du bout des doigts.

• Recouvrez les figues de pâte et faites cuire pendant environ 30 minutes en surveillant la couleur de la pâte qui ne doit pas brunir. Si elle colore trop vite, recouvrez-la d'une feuille d'aluminium ménager.

■ **Notre conseil :** servez ce crumble tiède, accompagné d'une crème anglaise à la vanille (recette page 146).

# CRUMBLE À L'ANTILLAISE

**4 à 6 personnes**

**Pâte :**
• 250 g de farine • 120 g de beurre • 50 g de cassonade • sel
**Garniture :**
• 1 ananas frais • 125 g de raisins secs • 50 g de cassonade
• 40 g de beurre • 4 cl de rhum brun

## Réalisation

Sortez le beurre du réfrigérateur au moins 1 heure à l'avance. Préchauffez le four th. 7 (210 °C).

• Mettez les raisins secs dans un bol d'eau tiède et laissez-les gonfler pendant 30 minutes. Pendant ce temps, coupez l'ananas en deux, puis détaillez-le en tranches de 2 cm d'épaisseur. Enlevez l'écorce avec un couteau pointu, ôtez les parties fibreuses et coupez la chair en dés. Faites fondre 20 g de beurre dans une sau-

CRUMBLES SUCRÉS **51**

teuse. Dès qu'il mousse, mettez les dés d'ananas et faites-les revenir pendant 5 minutes en les retournant souvent. Saupoudrez de cassonade, arrosez de rhum. Réservez.

• Versez la farine dans un saladier, ajoutez le beurre en morceaux, la cassonade et une pincée de sel. Mélangez du bout des doigts pour obtenir une pâte sableuse.

• Beurrez légèrement un plat à four. Égouttez les raisins secs, disposez-les dans le plat avec les dés d'ananas. Recouvrez de pâte et faites cuire pendant environ 30 minutes en surveillant la couleur de la pâte. Si elle dore trop vite, recouvrez-la d'une feuille d'aluminium ménager.

■ **Notre conseil :** servez tiède, nature, avec un sorbet aux fruits exotiques ou un coulis de mangues (recette page 143) ou encore tout simplement une crème anglaise à la vanille (recette page 146).

# CRUMBLE À LA PURÉE DE COINGS

**4 à 6** personnes

**Pâte :**
• 250 g de farine • 120 g de beurre • 50 g de cassonade • sel
**Garniture :**
• 1 kg de coings • 80 g de cassonade • 1 cuil. à café de cannelle

## Réalisation

Sortez le beurre du réfrigérateur au moins 1 heure à l'avance.

• Épluchez les coings, coupez-les en deux et faites-les pocher dans de l'eau bouillante pendant 20 minutes. Égouttez-les et mixez-les avec la cassonade et la cannelle. Réservez.

• Versez la farine dans un saladier, ajoutez une pincée de sel, la cassonade et le beurre en morceaux. Malaxez à la main pour obtenir une pâte grumeleuse.

• Étalez la purée de coings au fond d'un plat à gratin et recouvrez-la de pâte. Faites cuire 30 minutes environ en surveillant la couleur de la pâte qui doit dorer sans brûler. Recouvrez-la éventuellement d'une feuille d'aluminium ménager en fin de cuisson.

■ **Notre conseil :** proposez avec ce crumble tiède de la crème fraîche ou une crème anglaise à la vanille (recette page 146).

# CRUMBLE À LA RHUBARBE ET AU GINGEMBRE CONFIT

**4 à 6** personnes

**Pâte :**
• 250 g de farine • 120 g de beurre • 50 g de cassonade
• sel
**Garniture :**
• 1 kg de rhubarbe • 100 g de sucre en poudre • 10 morceaux
de gingembre confit • 20 g de beurre

## Réalisation

Sortez le beurre du réfrigérateur au moins
1 heure à l'avance. Préchauffez le four th. 7
(210 °C). Préparez la rhubarbe : ôtez les
parties fibreuses des tiges, coupez les fruits
en morceaux et placez-les dans une casserole avec le sucre et un demi-verre d'eau.
Faites cuire à feu très doux pendant
15 minutes en remuant. La rhubarbe étant
très acide, vérifiez que la préparation est

assez sucrée à votre goût. Ajoutez du sucre si nécessaire. Coupez le gingembre en très petits morceaux, ajoutez-le à la rhubarbe.
• Préparez la pâte en mélangeant à la main dans un saladier la farine, une pincée de sel et le beurre fractionné. Ajoutez le sucre et malaxez jusqu'à obtention d'une grosse chapelure.
• Répartissez le mélange rhubarbe-gingembre dans le fond d'un plat à gratin et recouvrez-le de pâte. Faites cuire pendant 30 minutes environ en surveillant la couleur de la pâte qui doit dorer sans brunir. Recouvrez-la si besoin est d'une feuille d'aluminium ménager en fin de cuisson.

■ **Notre conseil :** servez ce crumble tiède, nature ou avec une crème anglaise à la vanille (recette page 146). Hors saison, vous pouvez utiliser pour cette recette soit des fruits surgelés, soit un pot de compote de rhubarbe toute prête.

# CRUMBLE AMANDES-ANANAS

**4 à 6** personnes

**Pâte :**
• 150 g de farine • 100 g de poudre d'amandes • 50 g de sucre en poudre • 120 g de beurre • sel

**Garniture :**
• 1 ananas • 1 cuil. à café d'extrait de vanille • 1/2 cuil. à café de quatre-épices • 75 g d'amandes effilées • 50 g de cassonade • 30 g de beurre • 1 petit verre de rhum (facultatif)

## Réalisation

Préchauffez le four th. 7 (210 °C).

• Coupez l'ananas en quatre, enlevez l'écorce avec un couteau aiguisé, puis ôtez la partie fibreuse du centre. Détaillez-le en tranches puis en dés. Mélangez dans un saladier les cubes d'ananas avec les amandes effilées, saupoudrez de cassonade, de quatre-épices et arrosez éventuellement de rhum. Réservez.

• Préparez la pâte : versez la farine et le sucre dans une terrine, ajoutez une pincée de sel et le beurre coupé en petits morceaux. Pétrissez à la main pour obtenir une pâte granuleuse.

• Beurrez généreusement un plat à gratin. Disposez le mélange amandes-ananas au fond du plat. Recouvrez de pâte et laissez cuire environ 30 minutes.

■ **Notre conseil :** servez tiède avec une glace vanille ou une glace au rhum, une crème anglaise à la vanille (recette page 146), ou encore un coulis de mangues (recette page 143).

# CRUMBLE AMANDES-FRAMBOISES-PIGNONS

**4 à 6 personnes**

**Pâte :**
• 150 g de farine • 100 g de poudre d'amandes • 50 g de sucre en poudre • 120 g de beurre • sel
**Garniture :**
• 250 g de framboises • 100 g de pignons • 30 g de sucre
• 20 g de beurre

## Réalisation

Sortez le beurre du réfrigérateur au moins 1 heure à l'avance. Préchauffez le four th. 7 (210 °C).

• Versez la farine, une pincée de sel, le sucre et la poudre d'amandes dans un saladier. Ajoutez le beurre fractionné et pétrissez du bout des doigts pour obtenir une pâte sableuse.

• Beurrez un plat à gratin, disposez au fond

les framboises, parsemez de sucre et de pignons de pin et recouvrez de pâte. Faites cuire pendant environ 30 minutes en surveillant la couleur de la pâte. Si elle dore trop vite, recouvrez-la d'une feuille d'aluminium ménager.

■ **Notre conseil :** servez ce crumble tiède avec une glace à la vanille, une crème anglaise à la vanille (recette page 146) ou de la crème Chantilly (recette page 149).

# CRUMBLE AU MELON

**4 à 6** personnes

**Pâte :**
• 250 g de farine • 50 g de sucre • 120 g de beurre • sel
**Garniture :**
• 1 melon de 1 kg • 30 g de sucre • 1 cuil. à café de cannelle
• 1/2 cuil. à café de poivre • 20 g de beurre

## Réalisation

Sortez le beurre du réfrigérateur au moins
1 heure à l'avance. Préchauffez le four th. 7
(210 °C).

• Coupez le melon en quatre, ôtez les
graines, prélevez la pulpe et détaillez-la
en gros cubes. Mettez-les dans une passoire et saupoudrez-les de sucre.

• Préparez la pâte : mettez la farine dans
un saladier, ajoutez une pincée de sel et le
sucre, puis le beurre coupé en morceaux.
Malaxez du bout des doigts pour obtenir

une pâte sableuse.

• Beurrez un plat à gratin, étalez les cubes de melon égouttés, saupoudrez-les de poivre et de cannelle et recouvrez-les de pâte. Faites cuire environ 30 minutes en surveillant afin que la pâte ne brunisse pas trop vite. Recouvrez-la éventuellement d'une feuille d'aluminium ménager.

■ **Notre conseil :** servez ce crumble tiède ou froid avec un coulis de framboises (recette page 141), un coulis de fraises à la menthe (recette page 143) ou un sabayon au muscat (recette page 149).

# CRUMBLE AUX ABRICOTS CARAMÉLISÉS

**4 à 6** personnes

**Pâte :**
• 250 g de farine • 50 g de cassonade • 120 g de beurre • sel
**Garniture :**
• 24 abricots mûrs • 1 poignée de tilleul • 1 gousse de vanille
• 4 cuil. à soupe de miel

## Réalisation

Sortez le beurre du réfrigérateur au moins 1 heure à l'avance. Préchauffez le four th. 7 (210 °C).

• Lavez et séchez les abricots, ouvrez-les et ôtez leur noyau. Mettez le tilleul dans un bol, arrosez-le d'eau frémissante, ajoutez la gousse de vanille coupée en deux dans le sens de la longueur pour libérer les graines et laissez infuser 10 minutes. Passez cette tisane, versez-la dans une cas-

## CRUMBLES SUCRÉS

serole et ajoutez les abricots. Faites-les pocher pendant 5 minutes. Égouttez-les. Mettez le miel dans une casserole à fond épais, et ajoutez les abricots. Retournez-les afin qu'ils soient bien enrobés et faites caraméliser à feu modéré.

• Préparez la pâte : versez la farine et la cassonade dans une terrine, ajoutez une pincée de sel puis le beurre coupé en petits morceaux. Pétrissez à la main pour obtenir une pâte sableuse.

• Disposez les abricots dans un plat à gratin, recouvrez-les de pâte et faites cuire environ 30 minutes en surveillant la cuisson. La pâte doit dorer sans brunir. Si nécessaire, recouvrez-la en cours de cuisson avec une feuille d'aluminium ménager.

■ **Notre conseil :** servez ce crumble tiède avec une crème anglaise à la vanille (recette page 146).

# CRUMBLE AUX ABRICOTS ET AUX AMANDES

**4 à 6** personnes

**Pâte :**
• 150 g de farine • 75 g d'amandes • 120 g de beurre • 50 g de cassonade • sel
**Garniture :**
• 10 abricots mûrs • 30 g de cassonade • 40 g de beurre

## Réalisation

Sortez le beurre du réfrigérateur au moins 1 heure avant la préparation du crumble. Préchauffez le four th. 7 (210 °C).

• Lavez les abricots, essuyez-les et ouvrez-les. Ôtez le noyau et faites dorer les abricots tout doucement à la poêle dans 20 g de beurre. Saupoudrez de cassonade et laissez légèrement caraméliser. Réservez.

• Concassez les amandes et mettez-les dans une terrine. Ajoutez la farine, la casso-

## CRUMBLES SUCRÉS 65

nade, une pincée de sel et le beurre coupé en petits morceaux. Malaxez du bout des doigts jusqu'à ce que la pâte soit granuleuse.

• Beurrez légèrement un plat à gratin, disposez les moitiés d'abricot au fond du plat avec leur jus de cuisson et recouvrez de pâte. Laissez cuire pendant 30 minutes en surveillant la pâte qui doit être dorée. Si elle brunit trop vite, recouvrez-la d'une feuille d'aluminium ménager.

■ **Notre conseil :** servez ce crumble tiède et proposez éventuellement une glace à la vanille ou un coulis de framboises (recette page 141).

# CRUMBLE AUX AGRUMES

**4 à 6** personnes

**Pâte :**
• 100 g de farine • 150 g de flocons d'avoine • 50 g de cassonade • 120 g de beurre • sel
**Garniture :**
• 4 oranges • 4 mandarines • 1 cuil. à café de cannelle • 1/2 cuil. à café de clous de girofle en poudre • 1/2 cuil. à café de gingembre en poudre • 30 g de cassonade • 20 g de beurre

## Réalisation

Sortez le beurre du réfrigérateur au moins 1 heure à l'avance. Préchauffez le four th. 7 (210 °C).

• Épluchez les oranges et les mandarines, détachez les quartiers, débarrassez-les de leurs peaux blanches et ôtez la membrane qui les sépare. Recueillez le jus qui s'écoule des fruits dans un bol. Versez dans ce bol les épices et la cassonade, mélangez et réservez. Beurrez un plat à gratin, disposez les quartiers de fruits.

• Préparez la pâte : mélangez la farine, les flocons d'avoine et la cassonade dans une terrine. Ajoutez une pincée de sel et le beurre fractionné. Pétrissez du bout des doigts afin d'obtenir une pâte sableuse.

• Versez le jus des fruits dans le plat, recouvrez de pâte et faites cuire pendant environ 30 minutes en surveillant la couleur de la pâte. Si elle brunit, recouvrez-la d'une feuille d'aluminium ménager.

■ **Notre conseil :** servez tiède avec une crème anglaise à la cannelle (recette page 145) ou une sauce au gingembre (recette page 152).

# CRUMBLE AUX CERISES

**4 à 6 personnes**

**Pâte :**
• 200 g de farine • 50 g de cassonade • 120 g de beurre • sel
**Garniture :**
• 800 g de cerises rouges • 50 g d'amandes émondées
• 5 gouttes d'extrait d'amande amère • 130 g de sucre • 2 cuil.
à soupe d'eau de fleur d'oranger

## Réalisation

Sortez le beurre du réfrigérateur au moins
1 heure à l'avance. Préchauffez le four th. 7
(210 °C).

• Lavez les cerises sans les faire tremper et
séchez-les dans un papier absorbant.
Coupez-les en deux pour ôter le noyau.
Mettez-les dans une casserole à fond épais,
saupoudrez de sucre et ajoutez l'eau de
fleur d'oranger et 6 cuillerées à soupe d'eau.
Portez à ébullition, puis baissez le feu et

CRUMBLES SUCRÉS

laissez compoter 10 minutes. Le liquide doit être sirupeux. Ajoutez enfin l'extrait d'amande amère. Réservez.

• Préparez la pâte : versez la farine et la cassonade dans un saladier, ajoutez une pincée de sel et le beurre fractionné. Malaxez à la main pour obtenir une pâte granuleuse.

• Versez les cerises dans un plat à gratin, parsemez d'amandes et recouvrez de pâte. Faites cuire environ 30 minutes en surveillant la couleur de la pâte qui doit dorer sans brunir. Recouvrez-la éventuellement d'une feuille d'aluminium ménager.

■ **Notre conseil :** servez ce crumble tiède avec une glace ou une crème anglaise à la vanille (recette page 146).

# CRUMBLE AUX CLÉMENTINES CONFITES

**4 à 6** personnes

**Pâte :**
• 200 g de farine • 50 g de flocons d'avoine • 50 g de cassonade • 120 g de beurre • sel

**Garniture :**
• 1 kg de clémentines non traitées • 400 g de sucre en poudre
• 2 bâtons de cannelle

## Réalisation

Sortez le beurre du réfrigérateur au moins 1 heure à l'avance.

• Préparez la garniture : versez le sucre dans une casserole à fond épais, arrosez-le de 80 cl d'eau, ajoutez les bâtons de cannelle et faites cuire à petit feu jusqu'à ce que le sucre soit dissous. Lavez les clémentines, essuyez-les et coupez-les en fines rondelles. Mettez les fruits dans le sirop de sucre et portez à ébullition. Baissez le feu et laissez cuire en surveillant pendant environ 30 minutes. Les fruits doivent être tendres. Ajoutez un peu d'eau en cours de cuisson si les fruits attachent. Préchauffez le four th. 7 (210 °C).

• Préparez la pâte : versez la farine avec la cassonade dans une terrine, ajoutez les flocons d'avoine et une pincée de sel. Mélangez bien, puis incorporez le beurre fractionné en pétrissant du bout des doigts jusqu'à obtention d'une pâte granuleuse.

• Versez les clémentines confites dans un plat à gratin et recouvrez-les de pâte. Faites cuire pendant 30 minutes en surveillant la coloration de la pâte. Si elle brunit trop vite, recouvrez-la d'une feuille d'alumi-nium ménager.

■ **Notre conseil :** servez ce crumble tiède avec une crème anglaise à la cannelle (recette page 145).

# CRUMBLE AUX DATTES ET AUX NOIX

**4 à 6** personnes

**Pâte :**
• 100 g de farine complète • 100 g de cerneaux de noix
• 50 g de cassonade • 120 g de beurre • sel
**Garniture :**
• 100 g de dattes

## Réalisation

Sortez le beurre du réfrigérateur au moins 1 heure à l'avance. Préchauffez le four th. 7 (210 °C).

• Concassez grossièrement les cerneaux de noix. Préparez la pâte en mélangeant dans une terrine la farine, la cassonade, les cerneaux de noix et une pincée de sel. Incorporez le beurre fractionné en pétrissant du bout des doigts pour obtenir une pâte sableuse.

• Coupez les dattes en petits morceaux.

Répartissez-les dans un plat à gratin et recouvrez-les de pâte. Faites cuire pendant environ 30 minutes en surveillant la coloration de la pâte. Recouvrez-la d'une feuille d'aluminium ménager si elle brunit trop vite.

■ **Notre conseil** : servez tiède avec un coulis d'abricots (recette page 142) ou un coulis d'oranges (recette page 144) très frais.

## CRUMBLE AUX DATTES ET AUX POMMES

**4 à 6** personnes

> **Pâte :**
> • 250 g de farine • 50 g de cassonade • 120 g de beurre • sel
> **Garniture :**
> • 3 pommes • 6 dattes • 1 cuil. à soupe de miel • 1 cuil. à café
> de cannelle • 20 g de beurre

### Réalisation

Sortez le beurre du réfrigérateur au moins 1 heure à l'avance. Préchauffez le four th. 7 (210 °C).

• Épluchez les pommes et coupez-les en cubes. Détaillez les dattes en petits morceaux. Faites fondre le beurre dans une casserole, faites dorer les cubes de pomme, ajoutez les dattes, saupoudrez de cannelle et arrosez de miel. Laissez compoter jusqu'à formation d'un caramel blond.

Retirez du feu et réservez.

• Préparez la pâte : versez la farine et la cassonade dans une terrine, ajoutez une pincée de sel et le beurre fractionné. Malaxez du bout des doigts pour obtenir une pâte granuleuse.

• Répartissez les fruits dans le fond d'un plat à gratin, recouvrez de pâte et faites cuire environ 30 minutes en surveillant la coloration de la pâte. Si nécessaire, recouvrez-la d'une feuille d'aluminium ménager.

■ **Notre conseil :** servez tiède avec une crème anglaise à la vanille (recette page 146) ou à la cannelle (recette page 145).

# CRUMBLE AUX FIGUES ET AU GRAND-MARNIER

**4 à 6** personnes

**Pâte :**
• 200 g de farine • 50 g de pignons de pin • 50 g de sucre en poudre • 120 g de beurre • sel
**Garniture :**
• 8 figues • 30 g de beurre • 30 g de cassonade • 2 cuil. à soupe de Grand-Marnier

## Réalisation

Sortez le beurre du réfrigérateur au moins 1 heure à l'avance. Préchauffez le four th. 7 (210 °C).
• Lavez et essuyez les figues, coupez-les en quatre. Faites fondre le beurre dans une poêle jusqu'à ce qu'il mousse. Mettez les figues et laissez-les dorer en les retournant régulièrement. Saupoudrez de cassonade et arrosez de Grand-Marnier. Réservez.

CRUMBLES SUCRÉS **77**

• Préparez la pâte : versez la farine et le sucre dans une terrine, ajoutez une pincée de sel et le beurre fractionné. Malaxez bien du bout des doigts pour obtenir une pâte sableuse. Incorporez les pignons de pin.

• Disposez les figues et leur jus de cuisson dans un plat à gratin, recouvrez-les de pâte et faites cuire environ 30 minutes en surveillant la coloration de la pâte. Éventuellement, recouvrez-la d'une feuille d'aluminium ménager.

■ **Notre conseil :** servez tiède avec un coulis d'oranges (recette page 144). Vous pouvez aussi proposer des zestes d'orange confits (recette page 155).

# CRUMBLE AUX FIGUES ET AUX MÛRES

**4 à 6** personnes

**Pâte :**
• 250 g de farine • 120 g de beurre • 50 g de cassonade • sel
**Garniture :**
• 12 figues • 300 g de mûres • 50 g de sucre • 20 g de beurre

## Réalisation

Sortez le beurre du réfrigérateur au moins 1 heure à l'avance. Préchauffez le four th. 7 (210 °C).

• Lavez et essuyez les figues. Coupez-les en quatre, puis chaque quart en deux.

• Préparez la pâte : mélangez la farine avec la cassonade et une pincée de sel puis ajoutez le beurre en parcelles. Malaxez du bout des doigts pour obtenir une pâte granuleuse.

• Beurrez un moule à gratin, disposez les

figues, intercalez les mûres et recouvrez avec la pâte. Faites cuire pendant 30 minutes environ en surveillant la coloration de la pâte. Si elle brunit trop vite, recouvrez-la d'une feuille d'aluminium ménager.

■ **Notre conseil :** servez ce crumble tiède et accompagnez-le de crème Chantilly (recette page 149) ou de crème anglaise à la vanille (recette page 146).

# CRUMBLE AUX FRAISES CRISTALLISÉES

**4 à 6** personnes

**Pâte :**
• 250 g de farine • 50 g de cassonade • 120 g de beurre • sel
**Garniture :**
• 800 g de fraises • 150 g de sucre cristallisé • 30 g de beurre

## Réalisation

Sortez le beurre du réfrigérateur au moins 1 heure à l'avance. Préchauffez le four sur position gril (210 °C).

• Lavez rapidement les fraises et séchez-les dans un papier absorbant. Équeutez-les. Beurrez un plat à gratin. Déposez les fraises les unes contre les autres et saupoudrez-les de sucre cristallisé. Mettez le plat sous le gril pendant 5 minutes en surveillant la cuisson. Une croûte de sucre doit se former sur les fruits. Retirez le plat.

CRUMBLES SUCRÉS **81**

• Préparez la pâte : versez dans un saladier la farine, la cassonade et une pincée de sel. Ajoutez le beurre fractionné en petits morceaux et travaillez du bout des doigts pour obtenir une pâte sableuse.

• Recouvrez les fraises cristallisées avec la pâte et faites cuire pendant environ 30 minutes (th.7) en vérifiant que la pâte ne colore pas trop rapidement. Recouvrez-la éventuellement d'une feuille d'aluminium ménager.

■ **Notre conseil :** servez ce crumble avec une glace ou une crème anglaise à la vanille (recette page 146) ou encore de la crème Chantilly (recette page 149).

# CRUMBLE AUX FRAISES ET À LA RHUBARBE

**4 à 6** personnes

**Pâte :**
• 250 g de farine • 50 g de sucre • 120 g de beurre • sel
**Garniture :**
• 400 g de fraises • 400 g de rhubarbe • 100 g de cassonade
• 1 gousse de vanille

## Réalisation

Sortez le beurre du réfrigérateur au moins 1 heure à l'avance.

• Épluchez la rhubarbe et coupez-la en tronçons. Mettez-les dans une casserole à fond épais avec la cassonade et la gousse de vanille coupée en deux dans le sens de la longueur. Arrosez de 4 cuillerées à soupe d'eau et faites cuire à très petit feu pendant 10 minutes. Surveillez la cuisson et ajoutez un peu d'eau si les fruits attachent.

CRUMBLES SUCRÉS **83**

Préchauffez le four th. 7 (210 °C). Lavez rapidement les fraises, épongez-les, puis équeutez-les. Coupez-les en deux ou en quatre selon leur grosseur. Ajoutez-les à la rhubarbe. Prolongez la cuisson 5 minutes. Goûtez pour vérifier que cette compote est assez sucrée, la rhubarbe étant acide. Ajoutez de la cassonade si nécessaire.

• Préparez la pâte : mélangez dans une terrine la farine, le sucre et une pincée de sel. Incorporez le beurre fractionné et malaxez du bout des doigts pour obtenir une pâte granuleuse.

• Versez les fruits dans un plat à gratin. Recouvrez-les de pâte et faites cuire environ 30 minutes. Surveillez la coloration de la pâte, et recouvrez-la d'une feuille d'aluminium si elle brunit trop vite.

■ **Notre conseil :** servez ce crumble tiède et offrez de la crème Chantilly (recette page 149) ou une sauce au gingembre (recette page 152).

## CRUMBLE AUX FRAMBOISES ET AUX PISTACHES

**4 à 6** personnes

**Pâte :**
• 200 g de farine • 120 g de beurre • 50 g de pistaches • 50 g de sucre • sel
**Garniture :**
• 500 g de framboises • 30 g de sucre cristallisé • 20 g de beurre

### Réalisation

Sortez le beurre du réfrigérateur au moins 1 heure à l'avance. Préchauffez le four th. 7 (210 °C).

• Beurrez un plat à gratin ou de préférence des petits plats individuels. Disposez les framboises au fond du plat et saupoudrez-les de sucre.

• Préparez la pâte : hachez grossièrement les pistaches. Versez dans un saladier la

CRUMBLES SUCRÉS **85**

farine, le sel, le sucre, et ajoutez le beurre
en petits morceaux. Malaxez du bout des
doigts pour obtenir une pâte granuleuse,
puis ajoutez les pistaches et mélangez bien.
• Mettez la pâte sur les fruits et faites cuire
30 minutes en surveillant la coloration de
la pâte. Si elle brunit trop vite, recouvrez-
la d'une feuille d'aluminium ménager.

■ **Notre conseil :** servez ce crumble tiède
et accompagnez-le d'une glace vanille
ou d'un sabayon au muscat (recette
page 149).

# CRUMBLE AUX FRUITS ROUGES

**4 à 6** personnes

**Pâte :**
• 250 g de farine • 50 g de sucre en poudre • 120 g de beurre
• sel
**Garniture :**
• 200 g de framboises • 200 g de fraises • 200 g de cerises
• 200 g de groseilles • 4 cuil. à soupe de miel

## Réalisation

Sortez le beurre du réfrigérateur au moins
1 heure à l'avance. Préchauffez le four th. 7
(210 °C).

• Lavez rapidement les cerises, les groseilles et les fraises, séchez-les dans un
papier absorbant. Équeutez les fraises,
coupez-les en deux si elles sont grosses.
Dénoyautez les cerises. Égrenez les groseilles.

• Disposez ces fruits ainsi que les framboises dans un plat à gratin, arrosez-les de miel.

• Préparez la pâte : versez la farine dans un saladier, ajoutez le sucre et une pincée de sel. Incorporez le beurre coupé en petits morceaux et malaxez du bout des doigts pour obtenir une pâte sableuse.

• Recouvrez les fruits de pâte et faites cuire pendant environ 30 minutes en surveillant la coloration de la pâte qui doit dorer sans brunir. Si nécessaire, recouvrez le plat d'une feuille d'aluminium ménager.

■ **Notre conseil :** servez tiède avec de la crème fraîche.

# CRUMBLE AUX FRUITS SECS ET AUX ÉPICES

**4 à 6** personnes

**Pâte :**
• 250 g de farine • 120 g de beurre • 50 g de cassonade • 1 cuil.
à café de gingembre en poudre • 1 cuil. à café d'anis • sel
**Garniture :**
• 7 figues sèches • 12 abricots secs • 5 pruneaux secs • 2 cuil.
à soupe d'amandes • 2 cuil. à soupe de cerneaux de noix
• 2 cuil. à soupe de noisettes • 4 cuil. à soupe de miel
• 1/2 cuil. à café de noix de muscade en poudre • 50 g de
beurre

## Réalisation

Sortez le beurre du réfrigérateur au moins
1 heure à l'avance. Préchauffez le four th. 7
(210 °C).
• Faites fondre le beurre avec le miel dans
une casserole. Retirez du feu. Concassez
les amandes, les noix, les noisettes et ajou-

## CRUMBLES SUCRÉS

tez-les au mélange beurre-miel. Coupez les pruneaux, les abricots et les figues en petits dés, puis ajoutez-les également. Saupoudrez de noix de muscade. Mélangez bien pour que tous les fruits soient enrobés. Réservez.

• Versez dans une terrine la farine, la cassonade, le gingembre, l'anis et une pincée de sel. Ajoutez le beurre en parcelles et malaxez du bout des doigts pour obtenir une pâte granuleuse.

• Répartissez les fruits dans un plat à gratin, recouvrez de pâte et faites cuire environ 30 minutes en surveillant la coloration de la pâte. Si elle brunit trop vite, recouvrez-la d'une feuille d'aluminium ménager.

■ **Notre conseil :** servez ce dessert tiède ou froid, accompagné de crème Chantilly (recette page 149) ou de sauce moka (recette page 153).

## CRUMBLE AUX MANGUES ET AUX ÉPICES

**4 à 6** personnes

**Pâte :**
• 250 g de farine • 50 g de cassonade • 120 g de beurre • sel
**Garniture :**
• 3 mangues • 1 cuil. à café de gingembre moulu • 1 cuil. à café de cannelle • 1/2 cuil. à café de noix de muscade en poudre • 3 clous de girofle • 30 g de cassonade

### Réalisation

Sortez le beurre du réfrigérateur au moins 2 heures à l'avance. Préchauffez le four th. 7 (210 °C).

• Pelez les mangues et coupez la chair en cubes. Mettez-les dans un saladier. Saupoudrez-les de cassonade et d'épices, mélangez bien. Réservez.

• Préparez la pâte : versez la farine dans une terrine, ajoutez la cassonade et une

## CRUMBLES SUCRÉS

pincée de sel. Incorporez le beurre coupé en petits morceaux en pétrissant du bout des doigts jusqu'à obtention d'une pâte sableuse.

• Répartissez les mangues au fond d'un plat à gratin, recouvrez-les de pâte et faites cuire pendant environ 30 minutes en surveillant la coloration de la pâte. Si elle brunit trop vite, recouvrez-la d'une feuille d'aluminium ménager.

■ **Notre conseil** : servez tiède avec une crème anglaise à la cannelle (recette page 145).

# CRUMBLE AUX MANGUES ET AUX ABRICOTS

**4 à 6** personnes

**Pâte :**
• 100 g de farine • 150 g de flocons d'avoine • 30 g de sucre en poudre • 120 g de beurre • sel

**Garniture :**
• 4 mangues mûres • 6 abricots • 4 cuil. à soupe de gelée de groseilles • 20 g de beurre

## Réalisation

Sortez le beurre du réfrigérateur au moins 1 heure à l'avance. Préchauffez le four th. 7 (210 °C).

• Pelez les mangues et détaillez la chair en cubes. Lavez et séchez les abricots dans un papier absorbant. Ouvrez-les, dénoyautez-les. Coupez-les en dés. Beurrez un plat à gratin et déposez les morceaux de fruits en les intercalant. Mettez la confiture dans une petite casserole et faites-la liquéfier à feu doux. Versez-la sur les fruits.

• Préparez la pâte : versez la farine et le sucre avec une pincée de sel dans une terrine, ajoutez les flocons d'avoine. Mélangez puis incorporez le beurre fractionné. Malaxez du bout des doigts pour obtenir une pâte sableuse.

• Recouvrez les fruits avec la pâte et faites cuire pendant environ 30 minutes en surveillant la coloration de la pâte. Si elle dore trop vite, recouvrez-la en cours de cuisson d'une feuille d'aluminium ménager.

■ **Notre conseil :** servez ce crumble tiède avec un coulis d'abricots (recette page 142) ou de mangues (recettepage 143).

# CRUMBLE AUX MIRABELLES

**4 à 6** personnes

**Pâte :**
• 250 g de farine • 120 g de beurre • 50 g de cassonade • sel
**Garniture :**
• 1 kg de mirabelles • 50 g de sucre cristallisé • 30 g de beurre

## Réalisation

Sortez le beurre du réfrigérateur au moins
1 heure à l'avance. Préchauffez le four th. 7
(210 °C).

• Lavez puis essuyez les mirabelles. Ouvrez-
les et dénoyautez-les. Beurrez un plat à
gratin et déposez les mirabelles les unes
contre les autres. Saupoudrez-les de sucre
cristallisé.

• Préparez la pâte : versez la farine et la
cassonade dans un saladier, ajoutez une
pincée de sel et le beurre fractionné.
Pétrissez du bout des doigts pour obte-

nir une pâte sableuse.

• Étalez-la sur les mirabelles. Faites cuire pendant environ 30 minutes en surveillant la couleur de la pâte qui doit dorer sans brunir. Recouvrez-la éventuellement d'une feuille d'aluminium ménager.

■ **Notre conseil :** servez tiède avec un coulis d'oranges (recette page 144) ou une glace vanille.

# CRUMBLE AUX PÊCHES

**4 à 6** personnes

**Pâte :**
• 250 g de farine • 120 g de beurre • 50 g de cassonade • sel
**Garniture :**
• 8 pêches blanches • 50 g de sucre en poudre • 25 g de
poudre d'amandes • 20 g de beurre

## Réalisation

Sortez le beurre du réfrigérateur au moins
1 heure à l'avance. Préchauffez le four th. 7
(210 °C).

• Préparez la garniture : mélangez le sucre
et la poudre d'amandes. Pelez les pêches,
ouvrez-les, ôtez le noyau, et enrobez-les
avec le mélange sucre-amandes.

• Versez la farine dans un saladier, ajoutez le sucre, une pincée de sel, le beurre
coupé en morceaux et malaxez à la main
pour obtenir une pâte sableuse.

## CRUMBLES SUCRÉS

**97**

• Beurrez un plat à gratin, disposez dans le fond les moitiés de pêche et recouvrez de pâte. Faites cuire environ 30 minutes en surveillant la coloration de la pâte. Si nécessaire, recouvrez-la d'une feuille d'aluminium ménager.

■ **Notre conseil :** servez ce crumble tiède avec un coulis de fraises à la menthe (recette page 143) ou une sauce au chocolat (recette page 151).

# CRUMBLE AUX POIRES ET AUX BANANES

**4 à 6** personnes

**Pâte :**
• 200 g de farine • 50 g de cerneaux de noix • 50 g de cassonade • 120 g de beurre • sel
**Garniture :**
• 3 bananes • 3 poires • 20 g de beurre

## Réalisation

Sortez le beurre du réfrigérateur au moins 1 heure à l'avance. Préchauffez le four th. 7 (210 °C).

• Concassez grossièrement les noix, et mettez-les dans un saladier. Ajoutez la farine, la cassonade et une pincée de sel. Mélangez, puis incorporez le beurre fractionné en pétrissant du bout des doigts. La pâte doit ressembler à une grosse chapelure.

• Épluchez les poires, coupez-les en quatre,

CRUMBLES SUCRÉS

puis en tranches fines. Pelez les bananes, coupez-les en rondelles.

• Beurrez un plat à gratin, disposez au fond les tranches de poire et les rondelles de banane, et recouvrez avec la pâte. Faites cuire pendant 30 minutes environ en surveillant la coloration de la pâte. Si elle brunit trop vite, recouvrez-la d'une feuille d'aluminium ménager.

■ **Notre conseil :** servez tiède avec de la crème Chantilly (recette page 149) ou une sauce au chocolat (recette page 151).

# CRUMBLE AUX POIRES ET AUX NOISETTES

**4 à 6** personnes

**Pâte :**
• 150 g de farine • 120 g de beurre • 100 g de noisettes émondées • 50 g de cassonade • sel
**Garniture :**
• 8 poires • 20 g de beurre • 20 g de cassonade

## Réalisation

Sortez le beurre du réfrigérateur au moins 1 heure à l'avance. Préchauffez le four th. 7 (210 °C).

• Mélangez à la main dans un saladier la farine, la cassonade, une pincée de sel et le beurre coupé en petits morceaux pour obtenir une pâte sableuse. Concassez grossièrement les noisettes et ajoutez-les à la pâte. Mélangez bien.

• Épluchez les poires, enlevez le trognon,

et coupez-les en petits morceaux.
• Beurrez un plat à gratin ou des petits plats individuels, disposez les poires, saupoudrez-les de cassonade et recouvrez de pâte. Faites cuire pendant 30 minutes environ en surveillant la coloration de la pâte. Recouvrez-la d'une feuille d'aluminium ménager éventuellement.

■ **Notre conseil :** servez ce crumble tiède et accompagnez-le d'une glace à la noisette ou de crème Chantilly (recette page 149).

# CRUMBLE AUX POIRES ET AUX PISTACHES

**4 à 6 personnes**

**Pâte :**
• 250 g de farine • 50 g de sucre • 120 g de beurre • sel
**Garniture :**
• 6 poires • 50 g de pistaches pelées • 1/2 citron • 30 g de beurre

## Réalisation

Sortez le beurre du réfrigérateur au moins 1 heure à l'avance. Préchauffez le four th. 7 (210 °C).

• Beurrez un plat à gratin. Épluchez les poires et coupez-les en quartiers. Mettez-les au fond du plat. Pressez le citron, arrosez-en les poires. Parsemez-les de pistaches.

• Préparez la pâte : versez la farine dans une terrine, ajoutez le sucre et une pincée de sel, puis le beurre fractionné. Pétrissez du bout des doigts. La pâte doit être granuleuse.

• Recouvrez les fruits avec la pâte et faites cuire pendant environ 30 minutes en surveillant la coloration de la pâte. Recouvrez-la d'une feuille d'aluminium ménager si elle brunit trop vite.

■ **Notre conseil :** servez tiède avec un coulis d'oranges (recette page 144) ou une crème anglaise à la vanille (recette page 146).

## CRUMBLE AUX POMMES ET AUX NOISETTES

**4 à 6 personnes**

**Pâte :**
• 250 g de farine • 120 g de beurre • 50 g de cassonade • sel
**Garniture :**
• 100 g de noisettes • 6 pommes • 20 g de cassonade • 1 cuil.
à café de cannelle en poudre • 20 g de beurre

### Réalisation

Sortez le beurre du réfrigérateur au moins
1 heure à l'avance. Préchauffez le four th. 7
(210 °C).
• Préparez la pâte : travaillez à la main dans
un saladier la farine, la cassonade, une
pincée de sel et le beurre coupé en petits
morceaux pour obtenir une pâte sableuse.
• Préparez la garniture : concassez grossièrement les noisettes. Épluchez les
pommes, coupez-les en morceaux et faites-

les compoter dans une casserole avec la cassonade et un demi-verre d'eau. Lorsqu'elles sont cuites, ajoutez les noisettes.
• Beurrez un plat à gratin, répartissez la compote et recouvrez de pâte. Faites cuire pendant 30 minutes environ en surveillant la coloration de la pâte. Si elle brunit trop vite, recouvrez-la d'une feuille d'aluminium ménager.

■ **Notre conseil :** servez ce crumble chaud ou tiède avec une crème anglaise parfumée à la cannelle (recette page 145).

# CRUMBLE AUX PRUNEAUX

**4 à 6 personnes**

**Pâte :**
• 250 g de farine • 50 g de cassonade • 120 g de beurre • sel
**Garniture :**
• 500 g de pruneaux • 3 sachets de sucre vanillé • 4 cl d'armagnac • 2 clous de girofle • 1 sachet de thé de Ceylan

## Réalisation

Sortez le beurre du réfrigérateur au moins 1 heure à l'avance. Préchauffez le four th. 7 (210 °C).

• Dénoyautez les pruneaux, placez-les dans une terrine. Préparez un thé bien fort et arrosez les pruneaux. Ajoutez les clous de girofle et l'armagnac. Laissez mariner 30 minutes.

• Pendant ce temps, préparez la pâte : versez la farine dans une terrine, ajoutez une pincée de sel et la cassonade, mélangez bien. Incorporez le beurre coupé en petits morceaux en pétrissant du bout des doigts pour obtenir une pâte sableuse.

• Égouttez les pruneaux et étalez-les dans un plat à gratin. Saupoudrez-les de sucre vanillé. Recouvrez-les de pâte et faites cuire pendant environ 30 minutes en surveillant la coloration de la pâte. Recouvrez-la d'une feuille d'aluminium ménager si elle brunit trop vite.

■ **Notre conseil :** servez tiède avec une crème anglaise à la vanille (recette page 146), un coulis d'abricots (recette page 142) ou d'oranges (recette page 144).

# CRUMBLE AUX QUATRE FRUITS

**4 à 6** personnes

**Pâte :**
• 250 g de farine • 50 g de sucre en poudre • 120 g de beurre
• sel
**Garniture :**
• 150 g de framboises • 150 g de fraises • 2 oranges non
traitées • 2 nectarines • 100 g de sucre • 2 étoiles d'anis
• 1 feuille de laurier

## Réalisation

Sortez le beurre du réfrigérateur au moins
1 heure à l'avance.
• Prélevez la peau des oranges avec un couteau économe et taillez-la en fins bâtonnets. Préparez un sirop : versez le sucre
dans une casserole, mouillez-le avec 25 cl
d'eau, ajoutez l'anis et la feuille de laurier
ainsi que les zestes d'orange. Faites bouillir
5 minutes et laissez tiédir. Pendant ce temps,

lavez rapidement les fraises sous l'eau froide, puis équeutez-les et coupez-les en deux si elles sont grosses. Pelez les nectarines et coupez-les en quartiers. Séparez les quartiers d'orange en prenant soin d'ôter les peaux blanches. Mettez les fruits dans le sirop tiède et laissez macérer 15 minutes environ. Préchauffez le four th. 7 (210 °C).

• Préparez la pâte : versez la farine dans un saladier, ajoutez le sucre et une pincée de sel. Incorporez le beurre coupé en petits morceaux et malaxez du bout des doigts pour obtenir une pâte sableuse.

• Égouttez les fruits et disposez-les dans un plat à gratin. Recouvrez-les de pâte et faites cuire pendant environ 30 minutes.

■ **Notre conseil :** servez ce crumble tiède avec de la crème fraîche, ou encore un coulis de framboises (recette page 141), un coulis d'oranges (recette page 144) ou un coulis de fraises à la menthe (recette page 143).

# CRUMBLE AUX QUETSCHES ET AUX AMANDES

**4 à 6 personnes**

**Pâte :**
• 200 g de farine • 50 g d'amandes • 120 g de beurre • 50 g de cassonade • sel

**Garniture :**
• 800 g de quetsches • 60 g de sucre • 1 cuil. à café de cannelle • 20 g de beurre

## Réalisation

Sortez le beurre du réfrigérateur au moins 1 heure à l'avance. Préchauffez le four th. 7 (210 °C).

• Lavez et essuyez les prunes, ouvrez-les et ôtez le noyau.

• Préparez la pâte : concassez grossièrement les amandes, mettez-les dans une terrine avec la farine, la cassonade et une pincée de sel. Mélangez puis ajoutez le beurre fractionné en petits morceaux. Malaxez du bout des doigts pour obtenir une pâte sableuse.

• Beurrez un plat à gratin, disposez les moitiés de quetsche, saupoudrez de sucre et de cannelle et recouvrez-les de pâte. Faites cuire pendant 30 minutes environ en surveillant la coloration de la pâte qui doit dorer sans brunir. Recouvrez-la éventuellement d'une feuille d'aluminium ménager.

■ **Notre conseil :** servez tiède avec une glace ou une crème anglaise à la vanille (recette page 146) ou à la cannelle (recette page 145).

# CRUMBLE AUX REINES-CLAUDES

**4 à 6 personnes**

**Pâte :**
• 200 g de farine • 50 g de poudre d'amandes • 50 g de cassonade • 120 g de beurre • sel
**Garniture :**
• 1 kg de reines-claudes • 2 cuil. à soupe de miel • 30 g de beurre

## Réalisation

Sortez le beurre au moins 1 heure à l'avance du réfrigérateur. Préchauffez le four th. 7 (210 °C).

• Lavez les reines-claudes, essuyez-les, coupez-les en deux et dénoyautez-les. Faites fondre le beurre dans une casserole à fond épais.

• Dès qu'il mousse, ajoutez les reines-claudes. Arrosez-les de miel et faites-les caraméliser pendant 10 minutes en les retournant avec précaution de temps en temps.

• Préparez la pâte : mélangez la farine avec la poudre d'amandes, la cassonade et une pincée de sel. Ajoutez le beurre fractionné en pétrissant à la main pour obtenir une pâte sableuse.

• Étalez les fruits dans un plat à gratin et recouvrez-les de pâte. Faites cuire environ 30 minutes en surveillant la coloration de la pâte. Si elle brunit, recouvrez-la d'une feuille d'aluminium ménager.

■ **Notre conseil :** servez ce crumble tiède avec une glace ou une crème anglaise à la vanille (recette page 146).

## CRUMBLE AUX TROIS FRUITS

**4 à 6 personnes**

**Pâte :**
• 250 g de farine • 50 g de sucre • 120 g de beurre • sel
**Garniture :**
• 1 kg de rhubarbe • 12 pruneaux • 4 pommes • 30 g de
cassonade • 1 gousse de vanille • 1 bol de thé de Ceylan

### Réalisation
Sortez le beurre du réfrigérateur au moins
1 heure à l'avance.
• Préparez la garniture : dénoyautez les
pruneaux et faites-les tremper dans le bol
de thé chaud pendant 30 minutes. Épluchez la rhubarbe, détaillez-la en tronçons
et mettez-la dans une casserole à fond
épais. Épluchez les pommes, coupez la
chair en dés et ajoutez-les à la rhubarbe.
Égouttez les pruneaux, coupez-les en petits
morceaux et mettez-les avec les autres

fruits. Ajoutez la cassonade et la gousse de vanille. Versez un peu d'eau et faites cuire à très petit feu jusqu'à ce que les fruits soient tendres.

• Préparez la pâte : mettez dans un saladier la farine, le sucre et une pincée de sel. Incorporez le beurre en malaxant du bout des doigts. La pâte doit avoir une consistance granuleuse.

• Répartissez la compote de fruits dans un plat à gratin. Recouvrez-la de pâte et faites cuire environ 30 minutes. Surveillez la coloration de la pâte. Si elle brunit trop vite, recouvrez-la d'une feuille d'aluminium ménager.

■ **Notre conseil :** servez ce crumble tiède avec une crème anglaise à la vanille (recette page 146) ou à la cannelle (recette page 145), un coulis d'oranges (recette page 144) ou une sauce au gingembre (recette page 152).

# CRUMBLE D'ABRICOTS AU MIEL ET AUX ÉPICES

**4 à 6 personnes**

**Pâte :**
• 250 g de farine • 120 g de beurre • 50 g de cassonade • sel
**Garniture :**
• 8 abricots mûrs • 3 cuil. à soupe de miel • 1/2 cuil. à café de cannelle en poudre • 1/2 cuil. à café de gingembre en poudre • 50 g de beurre

## Réalisation

Sortez le beurre du réfrigérateur au moins 1 heure à l'avance. Préchauffez le four th. 7 (210 °C).

• Lavez et essuyez les abricots. Ouvrez-les et ôtez le noyau. Réservez. Versez le miel dans une casserole, ajoutez le beurre, saupoudrez de cannelle et de gingembre et portez à feu doux. Lorsque le beurre est fondu et le mélange liquide, mettez les moitiés d'abricot et laissez cuire très doucement environ 10 minutes.

• Pendant ce temps, mélangez à la main dans une terrine la farine, la cassonade, une pincée de sel et le beurre fractionné. La pâte doit être granuleuse.

• Versez les fruits avec leur jus de cuisson dans un plat à gratin, recouvrez-les de pâte et faites cuire pendant 30 minutes environ en surveillant la coloration de la pâte. Si elle brunit trop vite, recouvrez-la d'une feuille d'aluminium ménager.

■ **Notre conseil :** servez ce crumble tiède avec une crème anglaise à la cannelle (recette page 145), une sauce au gingembre (recette page 152) ou un sabayon au sauternes (recette page 150).

# CRUMBLE D'AMANDES ET DE POMMES AU SAFRAN

**4 à 6 personnes**

**Pâte :**
• 200 g de farine • 50 g de cassonade • 120 g de beurre • 75 g d'amandes effilées • sel

**Garniture :**
• 6 pommes reinettes • 75 g de poudre d'amandes • 1 cuil. à café de safran • 1/2 citron • 30 g de beurre

## Réalisation

Sortez le beurre du réfrigérateur au moins 1 heure à l'avance. Préchauffez le four th. 7 (210 °C).

• Beurrez un plat à gratin. Épluchez les pommes, coupez-les en quartiers et disposez-les au fond du plat. Pressez le demi-citron et versez le jus sur les pommes. Saupoudrez de poudre d'amandes et de safran.

## CRUMBLES SUCRÉS

**119**

• Préparez la pâte : versez la farine dans un saladier, ajoutez la cassonade, une pincée de sel, puis le beurre coupé en morceaux. Pétrissez à la main pour obtenir une pâte sableuse. Incorporez enfin les amandes effilées.

• Recouvrez les fruits de pâte et faites cuire environ 30 minutes en surveillant la coloration de la pâte. Si elle brunit trop vite, recouvrez-la d'une feuille d'aluminium ménager.

■ **Notre conseil :** servez ce crumble tiède accompagné d'une crème anglaise à la cannelle (recette page145), ou encore d'un coulis d'abricots (recette page 142) ou d'oranges (recette page 144).

# CRUMBLE D'AUTOMNE

**4 à 6 personnes**

**Pâte :**
• 250 g de farine • 120 g de beurre • 50 g de cassonade • sel
**Garniture :**
• 3 pommes reinettes • 3 poires passe-crassane • 50 g de cassonade • 40 g de beurre

## Réalisation

Sortez le beurre du réfrigérateur au moins 1 heure à l'avance. Préchauffez le four th. 7 (210 °C).

• Épluchez les pommes et les poires et coupez-les en quartiers.

• Faites fondre 20 g de beurre dans une poêle antiadhésive jusqu'à ce qu'il mousse et faites revenir les fruits en les retournant délicatement pendant 5 minutes. Saupoudrez-les de cassonade pour qu'ils prennent couleur. Dès qu'ils sont légère-

CRUMBLES SUCRÉS **121**

ment caramélisés, retirez du feu et réservez.

• Préparez la pâte : versez la farine dans un saladier, ajoutez le beurre en morceaux, la cassonade et une pincée de sel. Mélangez du bout des doigts pour obtenir une pâte sableuse.

• Beurrez légèrement un plat à four. Répartissez les pommes et les poires dans le fond du plat et recouvrez de pâte. Faites cuire 30 minutes environ en surveillant la coloration de la pâte. Si elle brunit, recouvrez-la d'une feuille d'aluminium ménager.

■ **Notre conseil :** servez ce crumble tiède, et accompagnez-le d'une crème anglaise à la vanille (recette page 146) ou à la cannelle (recette page 145) ou encore d'un coulis d'oranges (recette page 144).

## CRUMBLE DE FIGUES AU MIEL ET À L'ORANGE

**4 à 6** personnes

**Pâte :**
• 250 g de farine • 120 g de beurre • 50 g de cassonade • sel
**Garniture :**
• 12 figues mûres • 1 orange • 3 cuil. à soupe de miel • 20 g de beurre

### Réalisation

Sortez le beurre du réfrigérateur au moins 1 heure à l'avance. Préchauffez le four th. 7 (210 °C).

• Versez la farine dans une terrine, ajoutez la cassonade et une pincée de sel, puis le beurre coupé en petits morceaux. Malaxez à la main pour obtenir une pâte sableuse. Réservez.

• Préparez la garniture : pressez l'orange, versez le jus obtenu dans un saladier.

Ajoutez le miel et mélangez bien. Lavez et essuyez les figues, coupez-les en quatre. • Beurrez un plat à gratin, disposez les quartiers de figue, arrosez avec le mélange miel-jus d'orange et recouvrez de pâte. Faites cuire environ 30 minutes en surveillant la coloration de la pâte qui doit dorer sans brunir. Recouvrez-la d'une feuille d'aluminium éventuellement.

■ **Notre conseil :** servez ce crumble tiède avec un sabayon au sauternes (recette page 150).

# CRUMBLE DE NOISETTES À L'ORANGE ET AU CHOCOLAT

**4 à 6 personnes**

**Pâte :**
• 100 g de farine • 100 g de noisettes • 100 g de beurre
• 50 g de cassonade • sel

**Garniture :**
• 200 g de chocolat noir • 15 cl de crème fleurette • 10 cl de lait • 3 jaunes d'œufs • 75 g de zestes d'orange confits (recette page 155)

## Réalisation

Sortez le beurre du réfrigérateur au moins 1 heure à l'avance. Préchauffez le four th. 6 (180 °C).

• Préparez la pâte : concassez les noisettes. Versez la farine, la cassonade et une pincée de sel dans un saladier. Ajoutez le beurre coupé en petits morceaux. Malaxez l'ensemble du bout des doigts afin d'obtenir une pâte granuleuse. Réservez. Coupez le chocolat en petits morceaux. Faites bouillir le lait et la crème, et, au premier bouillon, ajoutez le chocolat. Laissez fondre à très petit feu. Dès que le chocolat est fondu, retirez du feu. Incorporez les jaunes d'œufs un par un en mélangeant et remettez sur le feu sans cesser de remuer jusqu'à ce que le mélange épaississe. Coupez les zestes d'orange confits en petits morceaux, incorporez-les à la crème au chocolat et mélangez. Répartissez la crème au chocolat dans des ramequins individuels et recouvrez-les de pâte. Faites cuire 30 minutes environ en surveillant la coloration de la pâte. Si elle brunit trop vite, recouvrez-la d'une feuille d'aluminium ménager.

■ **Notre conseil :** servez ce crumble tiède et accompagnez-le d'une crème anglaise à la vanille (recette page 146), d'un coulis d'oranges (recette page 144) ou encore d'un coulis d'abricots (recette page 142).

## CRUMBLE DE PAIN D'ÉPICES AUX POIRES

**4 à 6** personnes

**Pâte :**
• 75 g de farine • 6 tranches de pain d'épices • 120 g de beurre
• 25 g de cassonade • sel
**Garniture :**
• 8 poires • 4 cuil. à soupe de miel • 40 g de beurre

### Réalisation

Sortez le beurre du réfrigérateur au moins 1 heure à l'avance.

• Préparez la garniture : épluchez les poires, coupez-les en quatre, puis détaillez chaque quartier en deux. Faites fondre 20 g de beurre dans une poêle et faites revenir les tranches de poire à feu doux. Dès qu'elles sont dorées, arrêtez la cuisson. Préchauffez le four th. 7 (210 °C).

• Mixez grossièrement les tranches de pain

d'épices. Versez la farine dans une terrine, ajoutez la cassonade, le pain d'épices, une pincée de sel et enfin le beurre coupé en petits morceaux. Malaxez du bout des doigts pour obtenir une pâte sableuse.

• Beurrez un plat à gratin ou des ramequins individuels. Répartissez les poires, arrosez-les de miel et recouvrez-les de pâte. Enfournez et laissez cuire 30 minutes en surveillant la coloration de la pâte. Si elle brunit trop vite, recouvrez-la d'une feuille d'aluminium ménager.

■ **Notre conseil :** accompagnez ce crumble original d'une crème anglaise à la vanille (recette page 146) ou d'un sabayon au muscat (recette page 149).

# CRUMBLE DE PAMPLEMOUSSE AUX NOISETTES

**4 à 6 personnes**

**Pâte :**
• 200 g de farine complète • 50 g de noisettes • 50 g de cassonade • 120 g de beurre • sel
**Garniture :**
• 4 pamplemousses roses • 1 cuil. à café de cardamome
• 30 g de cassonade • 20 g de beurre

## Réalisation

Sortez le beurre du réfrigérateur au moins 1 heure à l'avance. Préchauffez le four th. 7 (210 °C).

• Épluchez les pamplemousses, détachez les quartiers en ôtant toutes les peaux. Beurrez un plat à gratin ou des ramequins individuels, disposez les quartiers de fruits, saupoudrez de cardamome et de cassonade.

## CRUMBLES SUCRÉS                                    **129**

• Préparez la pâte : concassez grossièrement les noisettes. Mélangez dans une terrine la farine, les noisettes concassées, la cassonade et une pincée de sel. Ajoutez le beurre coupé en petits morceaux et malaxez du bout des doigts pour obtenir une pâte sableuse.

• Recouvrez les fruits avec la pâte et faites cuire pendant environ 30 minutes en surveillant la coloration de la pâte. Recouvrez-la d'une feuille d'aluminium ménager si elle brunit trop vite.

■ **Notre conseil :** servez ce crumble chaud avec une glace à la vanille.

# CRUMBLE DE POIRES AU GENIÈVRE ET AU POIVRE

**4 à 6** personnes

**Pâte :**
• 250 g de farine • 50 g de sucre en poudre • 120 g de beurre
• sel
**Garniture :**
• 6 poires • 12 baies de genièvre • 100 g de sucre en poudre
• 1 citron • 4 grains de poivre

## Réalisation

Sortez le beurre du réfrigérateur au moins
1 heure à l'avance. Épluchez les poires et
coupez-les en quartiers.
• Préparez un sirop : pressez le citron et
versez le jus dans une casserole avec 15 cl
d'eau et le sucre en poudre. Concassez les
baies de genièvre et les grains de poivre,
ajoutez-les. Faites bouillir 15 minutes.
Mettez les quartiers de poire à macérer

CRUMBLES SUCRÉS

dans ce sirop pendant 1 heure environ. Préchauffez le four th. 7 (210 °C).

• Préparez la pâte : versez la farine dans une terrine, ajoutez le sucre et une pincée de sel. Incorporez le beurre coupé en petits morceaux en pétrissant du bout des doigts jusqu'à obtention d'une pâte sableuse.

• Égouttez les quartiers de poire, disposez-les dans un plat à gratin et recouvrez-les de pâte. Faites cuire pendant environ 30 minutes. Surveillez la coloration de la pâte qui doit dorer sans brunir. Recouvrez-la éventuellement d'une feuille d'aluminium ménager.

■ **Notre conseil :** servez ce crumble tiède avec une crème anglaise à la vanille (recette page 146).

# CRUMBLE DE POIRES ET DE RAISINS AU SAFRAN

**4 à 6 personnes**

**Pâte :**
• 250 g de farine • 50 g de sucre • 120 g de beurre • sel
**Garniture :**
• 8 poires • 30 g de cassonade • 3 clous de girofle • 20 g de raisins blonds • 1 cuil. à café de cannelle • 1 pointe de noix de muscade râpée • 1 capsule de safran • 15 cl de muscat

## Réalisation

Sortez le beurre du réfrigérateur au moins 1 heure avant la préparation de la pâte. Préchauffez le four th. 7 (210 °C).

• Épluchez les poires et coupez-les en quatre. Mettez-les dans une casserole avec la cassonade et les clous de girofle. Arrosez de muscat et ajoutez un peu d'eau pour que les fruits soient recouverts à moitié. Faites cuire à très petit feu pendant environ 5 minutes. Les fruits doivent rester fermes. Sortez-les avec une écumoire, réservez-les dans une assiette. Saupoudrez le jus de cuisson de cannelle, de muscade et de safran et faites réduire pour obtenir un sirop. Ajoutez les raisins. Réservez.

• Préparez la pâte : malaxez à la main la farine, le sucre, une pincée de sel et le beurre fractionné jusqu'à obtention d'une pâte sableuse.

• Répartissez les poires dans un plat à gratin, arrosez-les avec le sirop et recouvrez-les de pâte. Faites cuire environ 30 minutes en surveillant la coloration de la pâte. Recouvrez-la d'une feuille d'aluminium ménager si elle brunit trop vite.

■ **Notre conseil :** servez ce crumble tiède accompagné d'un sabayon au muscat (recette page 149)

## CRUMBLE D'ÉTÉ

**4 à 6** personnes

**Pâte :**
• 250 g de farine • 120 g de beurre • 100 g de sucre • sel
**Garniture :**
• 4 pêches • 6 abricots • 100 g de sucre en poudre • 20 g de beurre

### Réalisation

Sortez le beurre du réfrigérateur au moins 1 heure à l'avance. Préchauffez le four th. 7 (210 °C).

• Épluchez les pêches, lavez les abricots, essuyez-les. Coupez les fruits en gros dés. Beurrez un plat à gratin. Disposez les fruits au fond du plat et saupoudrez-les de sucre.

• Mettez la farine, une pincée de sel et le sucre dans un saladier, ajoutez le beurre coupé en petits morceaux et malaxez du bout des doigts. Vous devez obtenir une

pâte friable comme une grosse chapelure.
• Répartissez cette pâte sur les fruits et faites cuire 30 minutes environ en surveillant la coloration de la pâte. Si elle brunit trop vite, recouvrez-la d'une feuille d'aluminium ménager.

■ **Notre conseil :** servez ce crumble tiède et accompagnez-le d'un sorbet à la poire ou tout simplement de crème fraîche.

# CRUMBLE « TOUT SIMPLE » AUX POMMES

**4 à 6 personnes**

**Pâte :**
• 250 g de farine • 120 g de beurre • 50 g de sucre • sel
**Garniture :**
• 6 pommes (reinettes ou jonagold) • 20 g de cassonade
• 20 g de beurre

## Réalisation

Sortez le beurre du réfrigérateur au moins 1 heure à l'avance. Préchauffez le four th. 7 (210 °C).

• Travaillez à la main dans un saladier la farine, le sucre et une pincée de sel avec le beurre coupé en petits morceaux afin d'obtenir une pâte sableuse.

• Épluchez les pommes, coupez-les en quatre et faites-les cuire dans une casserole avec la cassonade et un demi-verre d'eau.

CRUMBLES SUCRÉS **137**

• Beurrez un plat à gratin, répartissez les pommes et recouvrez de pâte. Faites cuire pendant 30 minutes environ en surveillant la coloration de la pâte. Recouvrez-la éventuellement d'une feuille d'aluminium ménager.

■ **Notre conseil :** ce crumble inratable est un « basique ». Pour lui donner une note d'originalité, servez-le avec une sauce au sirop d'érable délicatement épicée (recette page 153), une crème anglaise à la cannelle (recette page 145), ou encore un coulis d'oranges (recette page 144)ou de framboises (recette page 141).

# TRIO NOISETTES-CAFÉ-CHOCOLAT

**4 à 6** personnes

**Pâte :**
• 150 g de macarons nature • 75 g de noisettes en poudre
• 100 g de beurre • 1 cuil. à café de café lyophilisé
**Garniture :**
• 200 g de chocolat noir • 10 cl de lait • 15 cl de crème
fleurette • 3 jaunes d'œufs

## Réalisation

Sortez le beurre du réfrigérateur au moins
1 heure à l'avance. Préchauffez le four th. 6
(180 °C).

• Préparez la pâte : versez la poudre de
noisettes dans un saladier, ajoutez le café
lyophilisé et le beurre coupé en petits morceaux. Émiettez les macarons. Travaillez
l'ensemble du bout des doigts afin d'obtenir une pâte granuleuse. Réservez.

• Coupez le chocolat en petits morceaux.

Faites bouillir le lait et la crème, et au premier bouillon, ajoutez le chocolat. Laissez fondre à très petit feu. Dès que le chocolat est fondu, retirez du feu. Incorporez les jaunes d'œufs un par un en mélangeant et remettez sur le feu sans cesser de remuer jusqu'à ce que le mélange épaississe.

• Répartissez la crème au chocolat dans des ramequins individuels et recouvrez-les de pâte. Faites cuire 30 minutes en surveillant en cours de cuisson la couleur de la pâte qui doit être blonde. Recouvrez-la éventuellement d'une feuille d'aluminium ménager.

■ **Notre conseil** : servez tiède avec une crème anglaise à la vanille (recette page 146) ou au café (recette page 148).

# CRUMBLE NOIR ET ROUGE

**4 à 6 personnes**

**Pâte :**
• 250 g de farine • 120 g de beurre • 50 g de cassonade • sel
**Garniture :**
• 500 g de framboises • 500 g de mûres • 50 g de sucre
• 20 g de beurre

## Réalisation

Sortez le beurre du réfrigérateur au moins 1 heure à l'avance. Préchauffez le four th. 7 (210 °C). Mélangez la farine avec la cassonade une pincée de sel et le beurre en parcelles. Malaxez du bout des doigts pour obtenir une pâte granuleuse. Beurrez un moule à gratin, disposez les mûres et les framboises côte à côte, saupoudrez-les de sucre et recouvrez avec la pâte. Faites cuire pendant 30 minutes environ. Accompagnez de crème Chantilly (recette page 149).

# ET POUR LES ACCOMPAGNER…

## COULIS DE FRAMBOISES

• 500 g de framboises • 100 g de sucre glace • 1/2 citron

Pressez le citron et recueillez le jus dans une casserole. Ajoutez les fruits, le sucre et faites cuire environ 10 minutes. Passez ensuite au mixeur, et placez au réfrigérateur.

■ **Notre conseil :** ajoutez éventuellement au moment de servir des amandes effilées.

# COULIS D'ABRICOTS

• 6 abricots frais • 30 g de sucre • 1/2 citron

Pressez le demi-citron. Réservez le jus. Lavez et essuyez les abricots. Ouvrez-les et ôtez le noyau. Coupez la chair en petits morceaux. Mettez-les dans une casserole à fond épais, saupoudrez-les de sucre et arrosez-les de jus de citron. Ajoutez 40 cl d'eau. Portez à ébullition, puis baissez le feu et laissez cuire environ 15 minutes. Les fruits doivent être tendres. Passez au mixeur, ajoutez éventuellement un peu de sucre si le coulis est trop acide. Servez bien frais.

■ **Notre conseil :** vous pouvez aussi réaliser cette sauce avec des abricots au sirop en boîte. Vous les mixerez alors directement avec leur sirop et le jus de citron.

## COULIS DE FRAISES À LA MENTHE

• 500 g de fraises • 100 g de sucre en poudre • 1/2 bouquet de menthe fraîche

Lavez rapidement les fraises, épongez-les avec un papier absorbant, puis équeutez-les. Coupez-les et mettez-les dans le bol du mixeur avec le sucre. Mixez pour obtenir une purée fine. Ajoutez au moment de servir la menthe finement ciselée.

## COULIS DE MANGUES

• 4 mangues • 1/2 citron vert • 100 g de sucre

Épluchez les mangues et détaillez la chair en dés. Mettez-la dans le bol d'un mixeur avec le sucre et le jus du citron. Mixez et mettez au réfrigérateur.

■ **Notre conseil :** ajoutez éventuellement un demi-verre à liqueur de rhum blanc.


## COULIS D'ORANGES

• 4 oranges • 200 g de sucre en poudre • 1 cuil. à soupe de cannelle en poudre • 2 cuil. à soupe de Curaçao

Pressez les oranges, et mettez le jus dans une casserole avec le sucre et la cannelle. Faites cuire à très petit feu jusqu'à ce que le coulis épaississe, puis ajoutez le Curaçao. Laissez refroidir.


■ **Notre conseil :** vous pouvez agrémenter ce coulis de zestes d'orange confits (recette page 155).

# CRÈME ANGLAISE À LA CANNELLE

• 125 g de sucre • 4 œufs • 1 cuil. à café de cannelle en poudre
• 50 cl de lait

Faites bouillir le lait. Cassez les œufs en séparant les jaunes des blancs que vous garderez pour une autre préparation. Mettez les jaunes dans une terrine avec le sucre et la cannelle et mélangez énergiquement jusqu'à ce que le mélange blanchisse. Délayez avec le lait chaud en le versant petit à petit. Transvasez dans une casserole et faites prendre à très petit feu sans cesser de remuer. La crème doit napper la cuiller. Laissez refroidir à température ambiante, puis placez au réfrigérateur.

# CRÈME ANGLAISE À LA VANILLE

• 125 g de sucre • 4 œufs • 1 cuil. à café d'extrait de vanille
• 50 cl de lait

Faites bouillir le lait. Cassez les œufs en séparant les jaunes des blancs que vous garderez pour une autre préparation. Mettez les jaunes dans une terrine avec le sucre et l'extrait de vanille et mélangez énergiquement jusqu'à ce que le mélange blanchisse. Délayez avec le lait chaud en le versant petit à petit. Transvasez dans une casserole et faites prendre à très petit feu sans cesser de remuer. La crème doit napper la cuiller. Laissez refroidir à température ambiante, puis placez au réfrigérateur.

# CRÈME ANGLAISE À L'ORANGE

• 125 g de sucre • 4 œufs • 1 orange non traitée • 50 cl de lait

Prélevez la peau de l'orange avec un couteau économe et hachez-la. Pressez le fruit et réservez le jus. Faites bouillir le lait. Cassez les œufs en séparant les jaunes des blancs que vous garderez pour une autre préparation. Mettez les jaunes dans une terrine avec le sucre et 2 cuillerées à soupe de jus d'orange. Mélangez énergiquement jusqu'à ce que le mélange blanchisse. Délayez avec le lait chaud en le versant petit à petit. Transvasez dans une casserole et faites prendre à très petit feu sans cesser de remuer. La crème doit napper la cuiller. Ajoutez le zeste haché. Laissez refroidir à température ambiante, puis placez au réfrigérateur.

■ **Notre conseil :** vous pouvez relever cette crème à l'orange de quelques gouttes de Curaçao ou de Grand-Marnier.

# CRÈME ANGLAISE AU CAFÉ

• 125 g de sucre • 4 œufs • 1 cuil. à café d'extrait de café
• 50 cl de lait

Faites bouillir le lait. Cassez les œufs en séparant les jaunes des blancs que vous garderez pour une autre préparation. Mettez les jaunes dans une terrine avec le sucre et l'extrait de café. Mélangez énergiquement jusqu'à ce que le mélange blanchisse. Délayez avec le lait chaud en le versant petit à petit. Transvasez dans une casserole et faites prendre à très petit feu sans cesser de remuer. La crème doit napper la cuiller. Laissez refroidir à température ambiante, puis placez au réfrigérateur.

## CRÈME CHANTILLY

• 30 cl de crème fraîche liquide • 20 g de sucre glace • 1 sachet de sucre vanillé

Mettez un saladier au réfrigérateur plusieurs heures avant la préparation de la crème afin qu'il soit bien froid. Versez la crème et battez-la au fouet électrique en incorporant petit à petit le sucre glace et le sucre vanillé jusqu'à ce qu'elle soit très ferme. Conservez-la au réfrigérateur jusqu'au moment de servir.

## SABAYON AU MUSCAT

• 6 jaunes d'œufs • 100 g de sucre • 30 cl de muscat

Mettez les jaunes d'œufs dans une casserole, ajoutez le sucre et travaillez énergiquement jusqu'à ce que le mélange blanchisse. Versez le muscat peu à peu sans cesser de tourner. Placez la casserole au bain-marie et faites cuire en continuant de mélanger pour obtenir une crème mousseuse. Retirez du feu et laissez tiédir.

## SABAYON AU SAUTERNES

• 6 jaunes d'œufs • 100 g de sucre • 30 cl de sauternes

Mettez les jaunes d'œufs dans une casserole, ajoutez le sucre et travaillez énergiquement jusqu'à ce que le mélange blanchisse. Versez le sauternes peu à peu sans cesser de tourner. Placez la casserole au bain-marie et faites cuire en continuant de mélanger pour obtenir une crème mousseuse. Retirez du feu et laissez tiédir.

## SAUCE À LA CORIANDRE

• 3 yaourts veloutés • 1 bouquet de coriandre • quelques gouttes de jus de citron • sel, poivre

Battez les yaourts avec le citron et un peu de sel et de poivre. Versez dans une saucière et ciselez en surface les feuilles de coriandre. Mettez au réfrigérateur jusqu'au moment de servir.

## SAUCE AU CHOCOLAT

• 125 g de chocolat noir • 20 g de beurre • 30 g de sucre

Cassez le chocolat en petits morceaux, mettez-les dans une casserole à fond épais avec le sucre et le beurre. Ajoutez 2 cuillerées à soupe d'eau. Faites fondre à feu très doux sans remuer jusqu'à ce que le mélange soit parfaitement lisse et brillant. Servez tiède.

■ **Notre conseil :** vous pouvez aussi faire fondre le chocolat au micro-ondes pendant 2 minutes à pleine puissance.

## SAUCE AU CUMIN

• 3 yaourts veloutés • 1 cuil. à soupe de graines de cumin
• sel, poivre

Mélangez les yaourts dans un petit saladier avec un peu de sel, de poivre et les graines de cumin. Servez très frais.

## SAUCE AU GINGEMBRE

• 50 cl de crème fleurette • 30 g de sucre • 2 cuil. à soupe de gingembre en poudre

Battez la crème au fouet, et incorporez petit à petit le sucre, puis le gingembre.

POUR LES ACCOMPAGNER **153**

## SAUCE AU SIROP D'ÉRABLE

• 25 cl de sirop d'érable • 4 cuil. à soupe de miel • 2 cuil. à café de cannelle • 1/2 cuil. à café de cumin en poudre • 1/2 cuil. à café de poivre • 1/2 cuil. à café de quatre-épices

Versez dans une casserole à fond épais le miel et le sirop d'érable et faites chauffer doucement jusqu'à ébullition. Retirez du feu, ajoutez les épices et mélangez bien.

■ **Notre conseil :** servez cette sauce chaude ou tiède avec un crumble à base de pommes.

## SAUCE MOKA

• 25 cl de café très fort • 100 g de sucre • 2 œufs • 10 cl de crème fleurette

Faites chauffer le café. Délayez le sucre dans le café chaud et laissez refroidir. Cassez les œufs en séparant les jaunes des blancs que vous garderez pour une autre utilisation. Mettez les jaunes d'œufs dans un bol, fouettez-les et versez petit à petit le café sucré sans cesser de mélanger. Transvaser le mélange dans une casserole et mettez au bain-marie. Portez à ébullition, ajoutez la crème et poursuivez la cuisson 1 minute. Laissez refroidir avant de mettre au réfrigérateur.

■ **Notre conseil :** cette sauce se marie très bien avec un crumble aux fruits secs.

## SAUCE PERSILLÉE

> • 1 carré demi-sel • 10 cl de crème liquide • quelques branches de persil • sel, poivre

Écrasez le demi-sel à la fourchette. Ciselez finement le persil. Fouettez la crème.

Mélangez ces ingrédients, salez, poivrez et conservez au réfrigérateur.

## ZESTES D'ORANGE CONFITS

• 6 oranges non traitées • 25 cl de grenadine • 50 g de sucre en poudre

Prélevez le zeste des oranges avec un couteau économe. Détaillez-le en bâtonnets. Faites-les blanchir pendant 5 minutes dans de l'eau bouillante, puis égouttez-les. Pressez le jus de trois fruits, versez-le dans une casserole, ajoutez la grenadine et saupoudrez de sucre. Portez à ébullition. Plongez les zestes dans ce sirop et faites cuire 20 minutes à feu doux. Laissez les zestes refroidir dans le sirop, puis égouttez-les et laissez-les sécher sur une grille. Vous pouvez les rouler dans du sucre cristallisé.

**■ Notre conseil :** parfumés à souhait, ces zestes se marient très bien avec les crumbles aux pruneaux, aux pommes ou encore au chocolat. Vous pouvez aussi les parsemer sur une glace à la vanille. Ils se conservent plusieurs semaines au congélateur ou plusieurs jours dans une boîte en fer hermétiquement fermée.

# Index des recettes

## CRUMBLES SALÉS

Croustillant de carottes
au curry 12
Croustillant de chèvre
frais au fenouil 14
Croustillant d'épinards 16
Crumble à la marocaine 18
Crumble à la tomate
et au cumin 20
Crumble
aux champignons 22

## CRUMBLES SUCRÉS

Amandine aux poires 26
Croustillant aux figues
et aux pignons 30
Croustillant de bananes
au chocolat 32
Croustillant de noix
aux prunes rouges 36
Croustillant de poires
au chocolat 38
Croustillants aux amandes
et aux fruits rouges 28
Croustillants de marrons
au chocolat 34
Crumble à la compote de
pommes et d'oranges 40
Crumble à la compote de
rhubarbe, de pommes
et d'oranges 44
Crumble à la compote
prunes-pruneaux 42
Crumble à la noix de coco
et aux figues fraîches 48
Crumble à la purée de
coings 52
Crumble à la rhubarbe
et au gingembre confit 54
Crumble à l'ananas 46
Crumble à l'antillaise 50

Crumble amandes-
ananas 56
Crumble amandes-
framboises-pignons 58
Crumble au melon 60
Crumble aux abricots
caramélisés 62
Crumble aux abricots
et aux amandes 64
Crumble aux agrumes 66
Crumble aux cerises 68
Crumble aux clémentines
confites 70
Crumble aux dattes
et aux noix 72
Crumble aux dattes
et aux pommes 74
Crumble aux figues
et au Grand-Marnier 76
Crumble aux figues
et aux mûres 78
Crumble aux fraises
cristallisées 80
Crumble aux fraises
et à la rhubarbe 82
Crumble aux framboises
et aux pistaches 84

Crumble aux fruits
rouges 86
Crumble aux fruits secs
et aux épices 88
Crumble aux mangues
et aux abricots 92
Crumble aux mangues
et aux épices 90
Crumble
aux mirabelles 94
Crumble aux pêches 96
Crumble aux poires
et aux bananes 98
Crumble aux poires
et aux noisettes 100
Crumble aux poires
et aux pistaches 102
Crumble aux pommes
et aux noisettes 104
Crumble aux
pruneaux 106
Crumble aux
quatre fruits 108
Crumble aux quetsches
et aux amandes 110
Crumble aux reines-
claudes 112

Crumble aux trois
fruits 114
Crumble d'abricots au miel
et aux épices 116
Crumble d'amandes et de
pommes au safran 118
Crumble d'automne 120
Crumble de figues au miel
et à l'orange 122
Crumble de noisettes à
l'orange et au
chocolat 124
Crumble de pain d'épices
aux poires 126
Crumble de pamplemousses
aux noisettes 128
Crumble de poires au
genièvre et au poivre 130
Crumble de poires
et de raisins au safran 132
Crumble d'été 134
Crumble « tout simple »
aux pommes 136
Crumble noir et rouge 140
Trio noisettes-café-
chocolat138

## ET POUR LES ACCOMPAGNER...

Coulis d'abricots 142
Coulis de fraises
à la menthe 143
Coulis de framboises 141
Coulis de mangues 143
Coulis d'oranges 144
Crème anglaise
à la cannelle 145
Crème anglaise à la vanille 146
Crème anglaise
à l'orange 147
Crème anglaise au café 148
Crème Chantilly 149
Sabayon au muscat 149
Sabayon au sauternes 150
Sauce à la coriandre 151
Sauce au chocolat 151
Sauce au cumin 152
Sauce au gingembre 152
Sauce au sirop d'érable 153
Sauce moka 153
Sauce persillée 154
Zestes d'orange confits 155